Gulliver Taschenbuch 210

Für Erin & Hanna Rachel

Bruce Clements, 1931 in New York geboren, studierte Geisteswissenschaften und Theologie, ist Professor für Anglistik an der Eastern Connecticut State University. Clements begann mit 15 Jahren Hörspiele zu schreiben, weil er mit einem Freund eine Radiostation aufbauen wollte. Von seinen Kinder- und Jugendbüchern wurden einige mit Preisen ausgezeichnet. Im Programm Beltz & Gelberg ist von Bruce Clements bereits der Roman *Hin und wieder lüge ich* (Gulliver Taschenbuch 151) erschienen.

Bruce Clements

Ein Amulett aus blauem Glas

Abenteuer-Roman

Aus dem Amerikanischen von Marion Balkenhol

BELTZ
& Gelberg

Gulliver Taschenbuch 210
1995 Beltz Verlag, Weinheim und Basel
Programm Beltz & Gelberg, Weinheim
Lizenzausgabe

Taschenbuchausgabe mit freundlicher Genehmigung
des Verlages Nagel & Kimche AG

Die Originalausgabe erschien u.d.T. *Prison Window, Jerusalem Blue*
Reihenlayout und Einband von Wolfgang Rudelius
Gesamtherstellung Druckhaus Beltz, 69494 Hemsbach
Printed in Germany
ISBN 3 407 78210 1
1 2 3 4 5 99 98 97 96 95

Vor langer Zeit führte eine unbefestigte Straße an der Südküste von England entlang. Sie verband die Orte Osso Wisoff und Scelding. Im Sommer war sie staubig, im Frühjahr und im Herbst versank man auf ihr im Morast, und im Winter waren ihre tiefen Furchen steinhart gefroren. An den Klippen stieg sie an, verlief eine kurze Strecke an ihrem Rand, fiel zum Strand hin wieder ab, schlängelte sich eine Zeitlang an den hervorspringenden Felsen entlang, um dann wieder anzusteigen. An manchen Stellen sah es so aus, als läge sie unter dem Wasserspiegel, und man wunderte sich nur, warum sie nicht längst von Wellen überspült wurde.

Sie war an die vierzig Meilen lang und so breit, daß zwei Karren aneinander vorbeifahren konnten, ohne ihre Fahrt verlangsamen zu müssen, und sie war eine der besten Straßen in England.

Am Ostermontag des Jahres 831 kamen die Geschwister Juls und Sydne diese Straße entlang. Sydne war zwei Jahre älter als Juls und sehr groß – kein Mann hatte sie bisher überragt. Sydne trug die Sachen, die sie den ganzen Winter über anzog: einen graubraunen Wollrock, ein hüftlanges Überkleid, das vorn eine Tasche hatte, und einen Umhang, den sie zweimal um sich wickeln konnte, wenn es kalt war, und der eine Kapuze hatte, die sie bei Regen über den Kopf ziehen konnte. Es war windig an diesem Tag und neblig-feucht, und der Umhang flatterte, als wolle er sie in in die Luft heben und ins Meer fallen lassen. Sie trug Winterschuhe, aber keine Handschuhe. Zu jener Zeit zogen nur hohe Herren Handschuhe an, und auch nur zur Zierde oder als Zeichen ihrer Macht, und nicht, um die Hände warm zu halten. Die Handschuhe eines Herrn waren für gewöhnlich mit Juwelen oder wertvollen Stickereien besetzt und zuweilen auch mit magischen Zeichen.

Juls trug ein wollenes Überkleid in derselben Farbe wie das seiner Schwester; es war nur dicker und länger. Seine Beine steckten in einer langen, schmalen Lederhose. Hin und wieder bückte er sich nach einem Stein auf der Straße, warf ihn, so hoch und so weit er konnte, über das Wasser und verfolgte seinen weiten, langsamen Bogen, bis er auftraf. Aber er blieb niemals stehen, wenn er dem Stein nachschaute, denn er wollte nicht hinter Sydne zurückbleiben. Er konnte es nicht ausstehen, wenn er sie einholen mußte. Juls hatte einen kräftigeren Wurfarm als seine Schwester, aber ihre Beine waren so lang, daß sie ihn im Gehen oder Laufen jederzeit hinter sich lassen konnte.

Sie waren Schausteller und bereisten mit ihren Eltern den Süden Englands. Sie jonglierten, liefen auf den Händen, machten Musik und stellten Geschichten dar. Sie konnten sieben Teller gleichzeitig in der Luft halten, sich aus dem Stand nach hinten überschlagen und auf der Nase einen Stock mit einem Ball balancieren. Gerade jetzt hatten sie es eilig, weil sie zu ihrem Ziel gelangen und noch vor Einbruch der Dunkelheit wieder zurück sein wollten, um das Stück zu proben, das sie heute abend für Guthlac, den Herrn von Osso Wisoff, aufführen würden.

Sie waren auf dem Weg zu einem alten steinernen Turm, der vier Meilen von der Stadt entfernt war. Hinter dem Turm befanden sich die Überreste einer Stadtanlage – keine Mauern, keine Straßen, nur ein paar kreisförmig angeordnete, unfertige Aushebungen für Grundmauern, etwa zwei Fuß tief, ein paar Ecksteine und verkohlte Balken, die unter Gras und Bäumen verborgen waren. Die Steine sah man erst, wenn man auf ihnen stand, aber der Turm war an klaren Tagen ringsum aus einer Entfernung von fünfzehn Meilen zu sehen. Er war noch sehr gut erhalten bis auf das Dach, das aus Holz gewesen und abgebrannt war. Es sei vom Blitz getroffen worden, hieß es, aber es gab niemanden mehr, der es mit eigenen Augen gesehen hatte. Es war ein runder Turm, dessen Eingang sich ein Stück über dem Boden befand, so daß er nur über eine Leiter erreichbar war; an den Innenwänden des Turms schraubte sich eine Wendeltreppe nach oben. Die alten Briten hatten ihn als Wachturm, Lagerhaus und Festung benutzt. Wenn der Wächter sah, daß sich Feinde näherten, lief er schnell die Treppe hinunter an die Tür, lehnte sich hinaus und schlug, so fest er konnte, mit einem Eisenstab an einen eisernen Triangel. Triangel und Stab hingen immer noch, über und über mit Rost bedeckt, an einer Kette neben dem Eingang. Sobald der Triangel erklang, eilten die Leute aus dem Ort herbei und brachten alles mit, was sie tragen konnten – Hunde, Schafe, Schweine, Werkzeuge, Fleisch, Schmuck –, erklommen die Leiter, zogen sie hinter sich hoch, schlossen die Tür und warteten, bis die Plünderer abgezogen waren. Auch die Leiter war immer noch da, obwohl sich im Laufe der Zeit ein paar Sprossen gelockert hatten und das untere Ende verfault war.

Inzwischen benutzte niemand außer Mäusen und Vögeln den Turm. Die Mäuse bauten ihre Nester unten in den Turm, und die Vögel bauten die Nester oben auf den Turm. Manche Leute behaupteten, im Turm spuke es, aber Sydne und Juls wußten, daß das nicht stimmte. In der Turmmauer befand sich neben der dritten Stufe

von oben ein loser Stein, den man herausnehmen und wieder einsetzen konnte. Hierher brachten sie einen Schatz, den sie hinter diesem Stein verbergen wollten – eine kleine Scheibe aus leuchtend blauem Glas. Sie war nicht größer als die Handfläche eines Mannes und steckte in einem Rahmen aus Zedernholz. Noch befand sie sich in einem Lederbeutel in Sydnes Überkleid. Das Glas war so blau wie der Himmel, nachdem ihn ein kräftiger Regenguß reingewaschen hat.
Sie hatten das Fensterchen im vergangenen November auf dem Jahrmarkt in Steyming gekauft. Acht große Bernsteinstücke hatten sie dafür bezahlt – die Sammlung eines ganzen Jahres. Aber sie hatten die Ausgabe nicht bereut. Die Frau, der sie das Glasstück abgekauft hatten, hatte ihnen erzählt, daß es aus Jerusalem stamme, als Jesus dort Kind war. Sie glaubten es ihr nicht, aber möglich war es schon. Sydne nannte die Farbe ihres Kleinods «Jerusalem-Blau».
Wenn man es nachts gegen den Mond hielt, sah er aus wie eine riesige blauweiße Perle.

Im Nordosten von Osso Wisoff, jenseits des kalten Meeres, in Linkøbing nahe der Küste Dänemarks, fiel leichter Schnee. Nur Holzsammler und Holzfäller waren draußen. Rauch stieg aus den Häusern und Hütten, die sich am Nordufer des Linkøbing Fjords in zwei Reihen dicht zu einem Halbkreis zusammendrängten. Im größten Haus der Siedlung, dem Gemeinschaftshaus, lag der Stammesführer von Linkøbing im Sterben. Man mochte noch soviel Holz auf der Feuerstelle verbrennen oder heiße Steine unter sein Bett schieben – er hörte nicht auf, vor Kälte zu zittern und wurde immer schwächer. An diesem Morgen hatten seine engsten

Gehilfen, fünf alte Männer, die er die «Fünf Weisen» nannte, ihn im Bett aufgesetzt, ihm die Kleider ausgezogen und Brust, Rücken und Beine mit Schnee eingerieben, aber es hatte nicht geholfen.
Nun standen sie am Fußende seines Bettes und warteten darauf, daß er starb.
Der Stammesführer von Linkøbing hatte zwei Söhne. Der ältere, Herjolt, stand an der Feuerstelle, um noch mehr Steine zu erhitzen, die er unter das Bett des Vaters schieben wollte. Der jüngere, Kronhengst, segelte auf dem Schiff mit dem Namen *Fliegender Drache* in der Nähe von Osso Wisoff vor der Südküste Englands. Er suchte nach einem Ort, den er noch überfallen konnte, bevor er nach Hause fuhr.

Sydne und Juls legten das letzte Stück zum Turm im Laufschritt zurück, teils weil sie in Eile waren, teils weil ein kräftiger Wind sie von hinten antrieb. Kurz bevor sie den Turm erreichten, waren sie noch auf gleicher Höhe, dann setzte Sydne sich ab und erreichte die Leiter zwei Schritte vor Juls. Sie stiegen hinauf, sprangen in den Turm und begannen, die Treppe hinaufzuklettern. Das ging nicht so schnell, denn es gab kein Halteseil, und alle Stufen waren vereist. Die dritte Stufe von oben war mit einer dicken Eisschicht überzogen, und eine dicke Eisschicht lag auch über der Wand.
Juls zog eine Eisenstange aus seinem Gürtel. «Ich hätte noch einen Hammer mitbringen sollen», sagte er. «Dann hätte ich das Eis hier ganz schnell abklopfen können.»
Er schob die Stange in den Zwischenraum unter dem Stein und drückte sie nach unten. Aber so sehr er sich auch anstrengte, der Stein rührte sich nicht vom Fleck.

Er versuchte, das Eis mit dem spitzen Ende der Stange von der Oberfläche des Steines zu kratzen, aber das Eis war wie Eisen. Ihm wurde warm, und obwohl er wußte, daß er den Stein nicht würde lösen können, zog er seine Jacke aus und fuhr fort zu arbeiten.
Sydne sah ihm zu. Auch sie wußte, daß es ihm nicht gelingen würde, aber es hatte keinen Sinn, ihn zur Eile anzutreiben.

Kronhengst segelte auf seinem *Fliegenden Drachen* entlang der englischen Südküste. Es war ein langes Schiff und sehr schnell. Ein Segel an einem Querholz oben am Mast blähte sich auf und zerrte an den Seilen, mit denen es an den seitlichen Schiffsrändern befestigt war. Das Segel war mit braunen Streifen und Flecken übersät, als wäre es durch Dreck gezogen oder zum Löschen von Feuer benutzt worden. Fast genau in der Mitte befand sich ein großes Flickendreieck, aber man konnte weder Löcher noch dünne Stellen entdecken. Das Schiff war in der Mitte breit und zu beiden Enden hochgezogen. Wenn es durch das Wasser glitt, hörte man unter dem Bug, an dem ein Drachenkopf emporragte, ein lautes Zischen.
Kronhengst stand am Steuerruder, das wie ein großer flacher Kochlöffel über dem rechten Schiffsende hing. Wenn er gewußt hätte, daß sein Vater im Sterben lag, hätte er sich gefreut. Denn er wollte Herrscher von Linkøbing sein. Unmittelbar nach dem Tode des Vaters wollte er seinen Bruder Herjolt töten und die Herrschaft übernehmen. Fast ein halbes Jahr lang hatte er in England Raubzüge unternommen; nun segelte er mit einem vollbeladenen Schiff und einer Schar treuer Wikinger heim.

Er hatte den *Fliegenden Drachen* Ende November von Dänemark aus herübergesegelt und ihn sofort auf einer Flußinsel in Sussex an Land gezogen. Im Dezember hatten seine Männer Unterstände gebaut, Holz geschlagen, Wild gejagt und Ortschaften und Siedlungen am Oberlauf des Flusses überfallen. Als der Fluß zufror, hatten sie Pferde geraubt und in beiden Richtungen entlang dem Ufer Beutezüge durchgeführt. Im Winter waren zwei Wikinger an Schwindsucht gestorben. Nur einmal wurde die Insel angegriffen von einem alten Mann, der eines Nachmittags über das Eis gekommen war, sich an den Strand gestellt und unter Fluchen und Lachen mit großen Steinen geworfen hatte. Sie hatten ihn eine Zeitlang gewähren lassen, dann hatte ihn einer getötet.

Schließlich hatte sich ein enormer Beuteschatz angesammelt – Helme, Messer, Becher, Werkzeuge, Stoffe aller Art, fein gearbeitete Kästchen, Behälter aus Bronze und Silber, geräuchertes Fleisch, eingesalzener Fisch, und ein Dutzend verschiedener Fruchtpasten und getrocknete Früchte. Das Schiff konnte nicht alles aufnehmen, aber sie plünderten weiter, auch als das Eis auf dem Fluß dünn zu werden begann.

Ende März war das Eis geschmolzen. Sie ließen das Schiff zu Wasser, errichteten eine Laufplanke und begannen, das Schiff zu beladen. Einen Teil der Gegenstände aus Eisen schmolzen sie ein und formten daraus Barren, die sie in der Nähe des Kiels aufstapelten. Helme und Teller, die weniger wertvoll waren, hämmerten sie flach und verteilten sie auf dem Schiffsboden. Vom Rest der Beute verstauten sie soviel wie möglich unter Deck und ließen dabei unter jedem Lukendeckel gerade noch so viel Platz, daß ein Mann zum Schöpfen

hinuntersteigen konnte. Viele Sachen, darunter auch zwei wunderschöne Webstühle, wurden auf Deck gestellt. Sie wollten jedoch um keinen Preis etwas dalassen, was sich die Küstenbewohner hätten zurückholen können. Deshalb versenkten sie alles, was übrigblieb, im Fluß. Als sie davonsegelten, befanden sich die Ruderöffnungen in der Mitte des Schiffes nur noch eine Armeslänge über der Wasseroberfläche. Und als sie an die Stelle kamen, wo der Fluß ins Meer mündete, spritzte Wasser hinein, obwohl sie ihre Schilde über die Löcher gehängt hatten.
Kronhengst wollte bei seinem letzten Raubzug noch einen oder zwei junge Sklaven und ein paar Jagdhunde erbeuten. Damit hätten sie alles; nichts würde fehlen. Es würde seinen Bruder beschämen, wenn er, Kronhengst, mit dieser Beute den Fjord von Linkøbing heraufkäme. Jetzt, während der *Fliegende Drache* dahinsegelte, suchte er die Küste nach einer Ortschaft ab.

Juls hatte aufgegeben. Der Stein war festgefroren, und er konnte daran nichts, aber auch gar nichts ändern. Er wandte sich um. Sydne, die auf den Turm gestiegen war und auf das Meer hinunterblickte, steckte den Lederbeutel mit der Glasscheibe wieder in die Tasche ihres Überkleides. «Vielleicht gibt es noch einen losen Stein», sagte Juls. «Die Südwand ist fast gar nicht vereist.»
«Wir müssen die Scheibe nicht verstecken», sagte Sydne, als sie zu ihm herunterkam. «Im Wagen ist sie auch sicher. Wir können sie unter die Felle in der Ecke legen. Die rührt den ganzen Sommer über niemand an, und es wird auch nie etwas obendrauf gelegt.»
Einen Augenblick schauten sie sich an. Sie waren Freunde, waren es schon immer gewesen. Sie vertrauten

einander. «Einverstanden», sagte Juls. «Aber wir können sie nur dann herausnehmen, wenn wir beide da sind.»
Sydne nickte. Eine Schneeflocke, groß wie eine Motte, wirbelte aus dem Himmel herab und schwebte zwischen ihnen zu Boden. «Wir müssen zurück», sagte sie und sah zu, wie die Schneeflocke langsam auf der Stufe zerging.
Sie stiegen die Treppe hinunter, verließen den Turm durch die Türöffnung, kletterten die Leiter hinab und wandten sich wieder der Straße zu, um nach Osso Wisoff zurückzukehren. Immer noch wehte der Wind, der inzwischen kälter geworden war. Doch weder Wind noch Kälte konnten ihnen etwas anhaben. Sie dachten beide an den bevorstehenden Abend, an dem sie vor Guthlacs Herrensitz das Stück *Des Königs Reue* aufführen würden, und an den nächsten Tag, an dem sie sich auf ihre alljährliche Rundreise durch den Süden von England begeben würden. In den kommenden acht Monaten würden sie mit ihrer Mutter und ihrem Vater zu Jahrmärkten in Städten, zu Dorffesten und zu Heiligenfeiern fahren. Sie würden Vorstellungen geben und Johannis-Elixier verkaufen, ein Heilmittel, das ihre Mutter aus Kräutern braute, die sie am Johannistag pflückte, wenn alle guten Kräuter doppelte Wirkungskraft besitzen.
Sie brachen jedes Jahr am ersten Dienstag nach Ostern auf und kamen eine oder zwei Wochen vor Weihnachten nach Osso Wisoff zurück. Die Arbeit war hart, aber es ließ sich gut leben, und sie hatten mehr Freiheit als alle, die sie kannten.

Kronhengst klemmte das Steuerruder unter den Arm, zog seine gelben Handschuhe aus, rieb sich an einem Lappen die Hände trokken und zog die Handschuhe wieder an. Er lauschte auf das Zischen des Wassers unter dem Rumpf des *Fliegenden Drachen* und spürte die schweren Decksplanken unter seinen Füßen. Nichts auf der Welt liebte er mehr als sein Schiff. Es war zehnmal besser als ein guter Sklave, eine gute Frau, ein guter Hund oder alle drei zusammen.

Er betrachtete seine Wikingerschar, ließ seinen Blick auf dem einen oder anderen Mann ruhen. Kronhengst schaute seinen Männern gern zu, wenn sie sich unbeobachtet fühlten. Ja, es waren seine Männer. Im Frühjahr, Sommer und Herbst gehörten sie dem Land und ihren Familien, aber im Winter verließen sie Haus und Hof und schlossen sich ihm auf Gedeih und Verderb an. Sie vertrauten ihm und taten alles, was er ihnen auftrug. Wenn es sein mußte, starben sie auch für ihn.

Er wandte seinen Kopf der Küstenlinie zu. Er suchte nach einem Einschnitt, dem sicheren Anzeichen für einen Fluß und damit wahrscheinlich auch für einen Ort. Ein kleiner Fluß mit einer kleinen Ortschaft wäre genau richtig, solange es dort seichtes Wasser gab, in dem der *Fliegende Drache* warten konnte, bis er mit seinen Männern den letzten Überfall durchgeführt hatte.

Sydne und Juls gingen an der alten römischen Stadtanlage vorbei, die auf dem Hügel hinter Osso Wisoff lag. Immer noch blies der Wind heftig und verfing sich in Sydnes Umhang, aber sie waren so schnell gegangen, daß ihnen warm geworden war. Sydne warf einen Blick durch die Bäume auf das Amphitheater, einen Halbkreis von Steinsitzen, die eine breite, tiefe Bühne überblickten. An sonnigen Wintertagen stieg Juls zuweilen hinunter und übte Kunststücke. Dann stellte er sich immer vor, die Sitze wären bis auf den letzten Platz besetzt und die Menschen würden ihn anfeuern und Beifall klatschen. Hier hatte er auch vor drei Wintern gelernt, mit fünf Kugeln zu jonglieren. Zur Feier dieses Ereignisses hatte er ein Bild in eine Esche neben der Bühne geritzt. Es zeigte, wie er sein Kunststück ausführte, während ein Vogel ihm staunend zusah.

Von der Straße her war das Amphitheater nicht leicht zu sehen, auch nicht, wenn die Sonne schien. Aber wenn man es wußte, konnte man die weißen Steinsitze und den hinteren Teil der Bühne erkennen und sich vorstellen, das Theater wäre voller Menschen, die auf den Beginn der Vorstellung warteten. An diesem Nachmittag waren das Amphitheater und die gesamte römische Stadtanlage unsichtbar, weil der Himmel grau war.

Langsam ging die Sonne unter.
Kronhengst zog statt seiner gelben Handschuhe die roten an, wie er es vor einem Beutezug immer machte.

Er wandte seinen Blick jetzt nicht mehr von der Küstenlinie ab. Es war wichtig, einen Ort zu finden, bevor die Dämmerung kam.
Er blickte auf den Sonnenstein, der vor dem Ruderstock in einer Verstrebung eingelassen war. Er war ein Geschenk seines Bruders. Jedesmal, wenn er sich daran erinnerte, hätte er ihn am liebsten über Bord geworfen, aber es war ein seltener Stein, und er war nützlich. Deshalb behielt er ihn. Nach Sonnenuntergang war er nichts als ein schmutziggelber Stein, aber bei Tageslicht färbte sich die der Sonne zugewandte Seite leicht bläulich, auch wenn dicke Wolken die Sonne verdeckten. Wenn man ein scharfes Auge hatte, konnte man seinen Kurs sogar in einem Sturm danach bestimmen.
Kronhengst rief seinen Onkel Thorolf zu sich, um mit ihm zu reden. Thorolf war ein sehr großer Mann mit einem Kahlkopf und buschigen grauen Augenbrauen. Er wollte keine Plünderung mehr durchführen. Es wehte ein stürmischer Wind, und er sorgte sich, wie sie mit dem Schiff anlegen und wieder ablegen sollten. Aber Kronhengst suchte weiter nach Anzeichen für einen Fluß oder eine Ortschaft.
«Wir werden das Schiff nicht an Land ziehen», sagte Kronhengst. «Wir werden in einem Hafen anlegen wie die Einheimischen.»
Thorolf schüttelte den kahlen Kopf, aber er wollte nicht streiten.

Die Sonne war untergegangen.
Sydne und Juls hielten sich mit ihren Eltern hinter dem Herrensitz auf. Sie hatten sich mit Beugen, Strecken und Purzelbäumen aufgewärmt und probten nun *Des Königs Reue*. Ihr Wagen, dessen hinterer Teil die Bühne

darstellte, stand vor dem Herrenhaus, bereit für das Fest zum Ostermontag.
Am Abend des Ostermontag führten sie in jedem Jahr ein Stück auf, immer vor Guthlacs Herrenhaus, und das Stück hatte immer ein gutes Ende, denn Ostermontag war ein glücklicher Tag. Nicht einmal Sklaven mußten an diesem Tag arbeiten. Im vergangenen Jahr hatte ein Landbesitzer aus der Nähe von Osso Wisoff am zweiten Ostertag einen Sklaven ausgeschickt, um Wasser zu holen. Als Guthlac davon erfuhr, hatte er befohlen, den Sklaven freizulassen. Zusätzlich war dem Mann eine Buße von zwanzig Schilling auferlegt worden, die er an die Kirche bezahlen mußte.
Sie kamen an die Stelle des Stücks, an der die wunderschöne Tochter des Königs die Bühne betritt und vor ihrem Vater auf die Knie fällt. Der Erzähler weiß von ihr zu berichten:

Sie hatte die Stärke eines reinen Gemüts,
ein ruhiges, gottergebenes Herz,
anmutig war sie von Anbeginn,
nie kam ihr Böses in den Sinn.
Bereit zu leiden, nicht zu streiten,
froh in Gott, war sie Gott eine Freude.

In allen Stücken, die sie vorführten, war ihr Vater der Erzähler und der Held; ihre Mutter spielte die Prinzessin oder die Herrin. Sydne stellte alle Hexen und alten Bösewichter dar und Juls alle Tiere und Kinder. Eines Tages würde Sydne mit ihrer Mutter die Rollen tauschen müssen, und vielleicht auch Juls mit seinem Vater. Sie freuten sich nicht darauf, es machte ihnen Spaß, Nichtsnutze und Tiere und Bösewichter zu spielen.

Ihr Vater sang oder erzählte die Geschichte. Zwischen den einzelnen Szenen spielte er auf einer Trommel oder einer Laute. Dann wechselten alle von einer Pose in die nächste. Manchmal mußte eine solche Pose lange Zeit gehalten werden. In einem Stück mußte ihre Mutter mit nach oben gerichtetem Kopf zweiundsiebzig Zeilen lang die Luft küssen. Es gab auch Stücke, in denen zu einer einzelnen Zeile viele Sprünge und Drehungen gemacht werden mußten. «Das Frühjahr kam, und die Menschen waren fröhlich», trug der Vater zum Beispiel vor; dann hüpften und tanzten alle herum, während Sydne zur Seite trat und ein Lied sang. Oder er erzählte von der Beerdigung eines berühmten Herrn; dann schritt ihre Mutter als Witwe mit einem schwarzen Tuch auf dem Kopf sehr langsam und würdevoll von einer Seite der Bühne auf die andere, während Juls und Sydne ihr wie trauernde Schnecken folgten.
Sie beendeten ihre Probe, denn sie wollten sich etwas zu essen holen. Heute abend würden Guthlac und seine Frau sie nach der Vorstellung zu sich ins Herrenhaus bitten und ihnen ein Geschenk überreichen – eine Kleinigkeit nur, kein Geld. Dann würde ihr Vater Guthlac eine Flasche Johannis-Elixier geben, das, weil es ein Geschenk an ihren Herrn war, durch Rosenblätter und Leinen geseiht worden war.
Guthlac war fünfzehn Jahre alt. Seine Frau Bretwith war sechsundzwanzig. Ihr erster Mann und ihr einziges Kind waren beide im Sommer des Jahres 829 an Fleckfieber gestorben. Sie war eine gute Frau. Alle Bewohner von Osso Wisoff waren mit der Heirat zufrieden. Guthlac war wie sein Vater – ernst, ein wenig zu dick – und hatte die Angewohnheit, auf seine Füße zu schauen, bevor er etwas sagte. Als Richter hielt er sich immer an

den Grundsatz, daß einem Mann, der einen anderen eines Verbrechens beschuldigte, erst dann Glauben geschenkt werden sollte, wenn eindeutige Beweise vorlägen. «Ein falscher Verdacht wiegt schwerer als die tatsächliche Schuld», pflegte Guthlac zu sagen. Diesen Satz hatte sein Vater und auch sein Großvater oft benutzt.

Als Guthlac und seine Familie ihr Abendessen beendet hatten, war es dunkel geworden. Zwischen der Tür zum Herrenhaus und dem Wagen war das große Feuer angezündet worden, und alle Menschen waren vom Hafen heraufgekommen, um zu feiern. Manche Männer waren schon ein wenig betrunken, manche waren mehr als ein wenig betrunken, aber die meisten Frauen waren nüchtern und fast alle Kinder. Guthlac kam hinter seiner Mutter und vor seiner Frau aus dem Herrenhaus. Er trat vor seinen Stuhl und blickte zu Boden. Dann sah er die Menschen vor sich an.

«Was haben meine Freien mitgebracht?» rief er mit lauter Stimme.

«Treue», antworteten alle Männer einstimmig.

«Und wo sind eure Messer?»

«Am Hoftor.»

«Und worauf habt ihr geschworen?»

«Auf Frieden und Schutz für unseren Herrn.»

«Dann seid ihr willkommen auf diesem Hof und in diesem Haus», sagte Guthlac und setzte sich.

Der Priester trat vor, las die Geschichte von der Auferstehung Christi aus dem Evangelium vor, betete für die Kirchenväter und für alle Gläubigen dieser Welt, und besonders für diejenigen, die sich zu dieser Feier zusammengefunden hatten. Dann stellte er sich neben Guthlacs Mutter. Guthlacs Frau holte eine große, schwere

Schale voll Honigwein aus dem Haus, und Guthlac nahm als erster einen Schluck. Danach trug sie den Wein herum, und jeder, auch Säuglinge, trank einen Schluck, ein Schlückchen oder einen Tropfen. Während Bretwith mit dem Wein herumging, kniete Guthlacs Mutter mit dem Priester nieder und betete für die Seele der Verstorbenen.

Dann war es Zeit für das Vergnügen. Sanbrod, der Schmied, trat vor den Stuhl seines Herrn, verbeugte sich und setzte sein Huhn auf den Boden. Es sollte etwas vorführen. Der kluge Vogel ging mit schleppenden Flügeln vor und zurück, begann dann, einen engen Kreis zu ziehen und dabei Purzelbäume zu schlagen. Nach mindestens dreißig Überschlägen war dem Tier so schwindlig, das es umfiel. Anschließend führte ein Bauer mit seiner Frau einen Tanz auf Stelzen vor, und als sie damit fertig waren, schnitzte ein anderer Bauer in derselben Zeit, in der seine Frau zwei Äpfel aß, aus einem Holzklotz eine Ente. Dann überbrachten junge Mädchen aus der Gegend am Oberlauf des Flusses Guthlac, seiner Frau und seiner Mutter Sträuße aus Trockenblumen. Dafür bekam jedes Mädchen von den beiden Frauen einen Kuß.

Als die Mädchen zurücktraten, waren Juls, Sydne und ihre Eltern mit ihrem Auftritt an der Reihe. Zunächst stellten sie sich vor den Wagen. Sie gingen auf den Händen, führten Überschläge rückwärts vor und schlugen Räder. Darauf jonglierten Sydne und Juls mit Tellern, zuerst mit drei und am Schluß mit sieben. Dann sprangen ihre Eltern auf die Bühne und tanzten, während Juls trommelte und Sydne ein ledernes Schellenband schüttelte. Schließlich sprangen auch Juls und Sydne auf die Bühne. Ihr Vater zog ein Messer hinter Juls' Ohr hervor und drei Federn aus Sydnes Nase. Zwischen dem Wagen und dem Herrenhaus war es ganz still geworden. Außer dem Knacken des Feuers war nichts zu hören. In diesem Augenblick fühlte sich Sydne immer wie eine Priesterin, die vor dem Altar heilige Handlungen vollzog.

Sie zogen ihre Kostüme an und begannen mit der Aufführung des Stücks *Des Königs Reue*. Es handelt von einem König, der sich dazu überreden läßt, als Gegenleistung für ein weißes Zauberpulver, das ihm ewige Jugend verleihen soll, seine Tochter an einen alten, häßlichen Kaufmann zu verkaufen. Am Ende des Stücks, wenn der Kaufmann die Tochter mit sich zieht, erscheint der heilige Cuthbert dem König und verkündet ihm die Liebe Jesu. Das führt zu einem Sinneswandel des Königs. Er sinkt auf die Knie, um zu beten, die Tochter wird freigelassen, das weiße Pulver löst sich in einer Rauchwolke auf, und der böse Kaufmann fällt tot um.

An diesem Abend lief das Stück hervorragend. Der Vater spielte den König, die Mutter die Tochter, Juls hatte die Rolle des heiligen Cuthbert übernommen, und Sydne, ganz in Schwarz, war der böse Kaufmann. Sie mochte die Rolle des Kaufmanns, weil sie darin das «Lied vom Schwan» singen konnte, während sie starb. Das Lied paßte eigentlich nicht so gut in das Stück, aber es wurde dabei immer laut geklatscht und gerufen. Heute abend wurde nicht nur gerufen und geklatscht, sondern die Menschen stampften auch mit den Füßen auf den Boden.

Nach dem Stück bat Guthlac die Familie von der Bühne herunter und führte sie in sein Haus.

Jenseits des Meeres tat der Stammesführer von Linkøbing seinen letzten Atemzug und war tot.
Er war ein mächtiger Herrscher gewesen. Er hatte zwei Schiffe gebaut. Das eine, der *Fliegende Drache*, befand sich jetzt gerade fünf Meilen vor Osso Wisoff. Das andere, der *Wütende Schwan*, lag fest vertäut an der Pier im Hafen von Linkøbing. Es war älter und nicht so lang wie der *Fliegende Drache*, aber genauso seefest und genauso schnell. Als er noch jung war, hatte der verstorbene Stammesführer es für Plünderungen in Norwegen, Schweden und Germanien benutzt. Mit der Beute aus einigen dieser Raubzüge hatte er Schiffsbaumeister angeheuert, die den *Fliegenden Drachen* bauten.
Der ältere Sohn des Königs verließ das Gemeinschaftshaus, lief hinunter zum Strand und ging an Bord des *Wütenden Schwans*.
In seiner Linken hielt er ein Paar Handschuhe seines Vaters. Nun hatte er das Recht, sie zu tragen. Es war sogar seine Pflicht. Er war der neue Herrscher von Linkøbing. Er konnte es kaum glauben, daß sein Vater tot war. Natürlich hatte er gewußt, daß der Tag kommen würde, aber dieses Wissen hatte ihn immer mit Trauer und Furcht erfüllt. Langsam zog er die Handschuhe über.
Der älteste der Fünf Weisen kam zum Strand herunter und rief nach ihm. «Mein Herr», sagte er, «habt Ihr entschieden, wie wir Eurem Vater die letzte Ehre erweisen?»
Der neue Stammesführer wandte sich um. «Wir werden dieses Schiff für ihn verbrennen», sagte er. «Wir werden es morgen früh aus dem Fjord hinaussegeln und es an der Stelle auf den Strand ziehen, wo der Jarlkend-Stein steht.»

Sydne und Juls standen an Guthlacs Feuerstelle und warteten auf die Geschenke, die ihr Herr für sie bereithielt. Das erste bekam der Vater. Es war ein Armband, an dem vier blanke Münzen hingen. Sie waren klein, und auf jeder war nach römischem Vorbild das Gesicht Guthlacs von der Seite her abgebildet.
Guthlac hielt das Armband gegen das Feuer. «Eine Münze für jeden von euch», sagte er. «Alle Menschen, denen ihr begegnet, sollen wissen, unter wessen Schutz ihr steht und welchem Herrn ihr dient.»
Der Vater streckte den rechten Arm vor, und Guthlac befestigte das Armband an seinem Handgelenk. Nach dem Armband erhielten sie noch mehr Geschenke, ein Kreuz für die Mutter und Honigkringel für Juls und Sydne. Als Gegengabe überreichte der Vater Guthlac eine große Flasche Johannis-Elixier. Dann gingen die Schausteller nach draußen und mischten sich unter die Menschenmenge, die sich in einem großen, wogenden Kreis um das Feuer scharte.

Es war dunkel, aber Kronhengst konnte den Hafen von Osso Wisoff deutlich erkennen. Der Mond zeigte ihm den Fluß und die Hügel. Das Freudenfeuer beleuchtete das Herrenhaus. Er befahl, das Segel zu setzen, und wartete einen Augenblick. Dann legte er das Steuerruder nach rechts herum. In Windeseile strafften die Männer das Segel mit Stöcken, die von der schweren unteren Stoßkante des Segels herabhingen, lösten und befestigten die Seile an den Ecken. Der *Fliegende Drache* schwenkte in Richtung Ufer und kam in Fahrt. Das Schiff fuhr schnell; das Gewicht der Beute schien es noch zu beschleunigen. Eine hohe Dünung kam ihnen entgegen, aber das Schiff kreuzte sie, und jedesmal, wenn es einen Wellenberg überquerte, sprühte Gischt herein.

Kronhengst wußte, daß die Flut stieg, und er wollte an Land gehen, seinen Raubzug durchführen und wieder ablegen, noch bevor die Ebbe wieder einsetzte. Er fürchtete sich nicht vor den Küstenbewohnern, die allesamt Feiglinge und Dummköpfe waren, aber er wollte nicht, daß der *Fliegende Drache* im Schlick steckenblieb, was in einem Hafen leicht geschehen konnte. Am Ende würde sich das Schiff sogar noch zur Seite legen, wenn das Wasser abgelaufen war.

Kronhengst schickte einen Mann zum Bug des Schiffes. Er sollte nach Lichtflecken Ausschau halten, dem Zeichen für Felsen oder Untiefen. Wenn sich keine gute Stelle fände, an der man landen könnte, würde er den Rest der Strecke in einem kleinen Boot zurücklegen, aber er rechnete nicht damit. Er zog seine roten Handschuhe aus, klemmte sie sich unter den Arm und rieb seine Hände an einem Lappen trocken.

Er wußte genau, wie er vorgehen wollte – zunächst die Dorfbewohner mit viel Lärm überraschen und erschrecken, ein paar von ihnen niedermetzeln, Feuer legen, die Sklaven und Hunde suchen, die er haben wollte, und wieder abziehen. Die Dorfbewohner konnten sich glücklich schätzen, daß die Wikinger es eilig hatten und daß ihr Schiff schon so voll war.

Wieder wischte er sich die Hände ab, hängte den Lappen über den Sonnenstein, zog seine Handschuhe an und rief die Männer auf, mit denen er den Überfall durchführen wollte.

Der *Fliegende Drache* war nun weniger als zwei Meilen von der Küste entfernt und segelte schnell auf sie zu.

In einem kleinen Haus am Hafen, dort, wo die Straße um den Hof des Schiffsbauers einen Bogen machte und in Richtung auf Guthlacs Herrenhaus zulief, lebte der Schmied mit seiner alten Tante, seinen beiden Töchtern und seinen beiden Nichten. Heute abend war eine seiner Töchter bei der Tante geblieben, die seit fast einem Jahr krank war und bald sterben würde. Sie schlief jetzt, und die Tochter saß neben der Bettstelle der Alten im Dunkeln. Die Tür stand einen Spaltbreit offen, aber man konnte es von außen nicht erkennen, denn der Mond stand hinter dem Haus, so daß die Vorderseite im Schatten lag. Sie hörte die Schritte der Wikinger, als sie vorbeigingen, aber sie beachtete sie nicht weiter. Sie dachte, es sei eine Gruppe von Männern, die an den Strand gingen, um noch ein Faß Bier zu holen, oder ein paar Jungen, die jemandem einen Streich spielen wollten. Sie war eine starke Frau, die nichts fürchtete, wenn sie wußte, daß sie ihre Pflicht tat.

Ein kalter Wind fegte über den Boden und um ihre Füße. Einen Augenblick später stand sie auf, ging zur Tür und schaute hinaus. Die Straße war leer. Das einzige Geräusch kam vom Fest auf dem Hügel. Leise schloß sie die Tür, ging wieder zu ihrem Stuhl und setzte sich.

Auf dem Hügel standen die Menschen um das Freudenfeuer herum und unterhielten sich über das Wetter, die Kinder, die Zeit der Aussaat und das Vieh. Eine alte Frau tanzte neben der Tür zum Herrenhaus. Um sie herum bildete sich ein Kreis fröhlicher Menschen, die in die Hände klatschten. Sie versuchte, einen Jungen dazu zu bewegen, mit ihr zu tanzen, aber er weigerte sich und lief davon. Juls und Sydne standen auf der Bühne hinten am Wagen und jonglierten, nur so zum Spaß. Eine kleine Gruppe sah ihnen dabei zu.

Dann ertönte ein Schrei auf der anderen Seite des Feuers, und ein Heulen begann – schlimmer als das Heulen hungriger Wölfe im Winter. Niemand hatte je ein solches Geräusch vernommen, aber jedermann wußte, was es bedeutete. Die Wikinger waren da. Die Tiere aus dem Norden waren über sie hergefallen.

Von der Bühne aus beobachteten Sydne und Juls, wie der Kreis von Menschen sich immer enger zusammenzog. «Jesus kann das nicht zulassen», sagte Sydne leise. «Er kann es nicht zulassen.» Sie und Juls sahen sich an. Sie wußten, daß es am besten wäre fortzulaufen, aber sie wußten nicht, wohin. Sydne blickte zum Herrenhaus hinüber. «Wo ist Vater?»

Plötzlich teilte sich die Menge, und die Menschen stoben auseinander. Einige versuchten, das Herrenhaus zu erreichen, andere liefen hinunter zum Fluß, wieder andere am Wagen der Schausteller vorbei und den Maulbeerhain hinauf. Es herrschte ein wildes Durcheinander; ziellos rannten die Menschen umher. Gleichzeitig schien es, als geschähe alles sehr langsam, wie in einem Traum. Juls sah den Vater, packte Sydne am Arm und zeigte auf ihn. Er stand mit einem Käsemesser in der Hand neben Guthlac an der Tür des Herrenhauses. Ihr Herr war mit einer Axt bewaffnet. Juls suchte nach der Mutter und sah sie sofort. Sie stand sehr nahe am Feuer, winkte mit den Armen in ihre Richtung und rief ihnen etwas zu, das aber im Lärm unterging.

Die Wikinger pflügten durch die Menge. Sie schlugen niemanden nieder, sondern entzogen jedem, der ihnen im Weg stand, den Boden unter den Füßen. Ein Mann, der gerade noch gestanden hatte oder gelaufen war, sank

im nächsten Augenblick zu Boden. Ein großgewachsener Wikinger blieb mit einer Doppelaxt in der Hand neben dem Feuer stehen und blickte sich um. Er trug einen glanzlosen grauen Helm mit einem Metallstreifen über der Nase. Die Ränder des Helms waren umgebogen und berührten beinahe seinen Hals. Der Mann trug ein Überkleid aus Leder mit einem hohen Kragen, das mit Eisenringen überzogen war. Aus dem Dunkeln schoß eine Gestalt auf ihn zu. Es war der Gehilfe des Schiffsbauers. Der Wikinger packte ihn am Hals und schleuderte ihn ins Feuer. Ein Funkenregen stob auf; brennende Holzstücke wirbelten umher.
Juls blickte zu der Stelle hinüber, wo seine Mutter gestanden hatte. Sie war nicht mehr da. Dann sah er, wie ein Wikinger eine Frau hinter sich her zu den Scheunen hin schleifte. Er konnte nicht erkennen, wer es war. Vielleicht war es seine Mutter. Er sprang von der Bühne und rannte quer über den Hof zu ihr hin. Beim Feuer war jetzt nur noch dieser Mann mit der Frau, die er an einem Gegenstand mit sich fortziehen wollte, der um ihren Hals lag. Juls war fast blind vor Wut. Er sah bloß den Rücken der Frau und die Spitze des Helms. Er zog einen Stock aus dem Feuer, der an einem Ende brannte, richtete sich hinter dem Mann auf und holte aus, wobei er versuchte, ihn an der schmalen Stelle zwischen Helm und Kragen zu treffen. Funken explodierten. Juls drehte sich um und wollte weglaufen, aber er blieb mit einem Fuß an den Beinen der Frau hängen und fiel hart auf die Knie. Im Nu ließ sich der Mann auf ihn fallen und preßte ihn mit seinem ganzen Gewicht nach unten. Das letzte, was Juls sah, bevor sein Gesicht in den Staub gedrückt wurde, war die Frau, die sich erhob und davonrannte. Es war nicht seine Mutter.

Sobald Juls von der Bühne gesprungen war, hatte auch Sydne sie verlassen. Sie kroch unter dem Wagen durch nach vorn zur Fahrerseite, zog sich über den Sitz und huschte durch die Tür hinein. Jetzt kauerte sie schwer atmend auf dem Boden und versuchte, einen klaren Gedanken zu fassen. Der vertraute Geruch tat gut, ebenso wie die Stille und die Dunkelheit, die sie umgaben. Nachdem sie eine Zeitlang dem eigenen Atem gelauscht hatte, hörte sie wieder die Geräusche, die von draußen an ihr Ohr drangen. Vielleicht waren es verwundete Tiere, vielleicht waren es Menschen – sie wußte es nicht, aber es waren schreckliche Laute.
Sie bekreuzigte sich und versuchte zu beten. Sie dachte an die Straße, auf der sie morgen fahren, und an den Marktflecken, an dem sie etwas vorführen würden; an die Zeit nach ihrem Stück, wenn sie mit den Leuten reden und ihnen Johannis-Elixier verkaufen würden. Es war, als wäre es eine andere Welt, eine himmlische Welt. Sie schüttelte den Kopf. «Lieber Gott, laß uns bitte nach Shefwynd Cross kommen.» Dann verriegelte sie die beiden Türen vorn und hinten.
Sydne fielen die Kostüme und Masken im Wagen ein. Die meisten gehörten ihnen, solange sie denken konnte. Eine der Masken war über hundert Jahre alt. Wenn die Wikinger nun den Wagen in Brand setzten und alles verbrannten? Sie stand auf und tastete nach dem Sparren, an dem die Masken hingen. Drei mußte sie unbedingt retten – die Ziege, das Lamm und den Wolf. Es waren die ältesten Masken und ihre besten. Sie fand die Ziegenmaske auf Anhieb und zog sie an einem Horn herunter. Die Maske des Lamms war leicht zu finden, weil sie ein Gesicht aus echtem Lammfell hatte. Mit der Wolfsmaske war es schon schwieriger, denn sie hatten

auch eine Hundemaske, die sich ähnlich anfühlte, aber der Wolf paßte besser. Sie griff nach einer von beiden und zog sie über den Kopf. Es war der Wolf.
Da war noch etwas. Sie kroch zu der Wand, hinter der die Bühne war, und zog unter einem Stapel von Fellen den Beutel mit der blauen Glasscheibe heraus. Sie fühlte, ob das Glas zerbrochen war. Einen Augenblick dachte sie an den Turm und an das Gesicht von Juls, als er versucht hatte, das Eis vom Stein zu kratzen. Sie steckte die Glasscheibe in die Tasche ihres Überkleides. Da war sie sicherer als anderswo.
Plötzlich vernahm sie ein Geräusch. Jemand war auf die Bühne gesprungen. Der Mann versuchte, die Bühnentür einzutreten. Die Tür war schwer, und Sydne wußte, daß es ihm nicht gelingen würde. Ihr Herz hatte ausgesetzt; nun begann es zu rasen. Sie kauerte sich nieder. Der Mann brüllte etwas. Das Geräusch war noch furchterregender als das Geheul zu Beginn des Überfalls.
Die Wikinger hatten jetzt alles in ihrer Gewalt. Zwischen dem Wagen und dem Herrenhaus war kein lebender Dorfbewohner mehr zu sehen. Guthlac war niedergeschlagen worden, als er einen Plünderer mit seiner Axt angegriffen hatte. Er hatte tiefe Schnitte am Arm und am Kopf, aber er befand sich in Sicherheit. Einige seiner Männer hatten ihn in den Maulbeerhain getragen und das Blut gestillt. Ein Vetter Guthlacs, der versucht hatte, die Wikinger am Betreten des Herrenhauses zu hindern, lag tot am Eingang. Jetzt durchstöberten drei oder vier Wikinger das Haus und stopften Gold und Silber in einen Sack. Der Mann, der versucht hatte, die Tür des Wagens einzutreten, stand auf der Bühne und rief nach Kronhengst. Es war Thorolf, Kronhengsts Onkel. Er erhielt keine Antwort.

Kronhengst, mit einer Fackel in der Hand und einem großen Leinensack über der Schulter, hatte Guthlacs Hundezwinger entdeckt. Es war ein kleiner, alter Schuppen. Er warf die Fackel in eine Ecke, in der ein wenig Stroh lag, und öffnete den Sack. Das Stroh fing Feuer. Im Nu war der Schuppen hell erleuchtet. Die Hunde, die zuvor nicht gebellt hatten, schlugen jetzt an. Er öffnete die Tür zu einem Verschlag, in dem sich eine Hündin mit ihren vier Welpen befand. Er zog seine roten Handschuhe aus, nahm eine Speckschwarte aus seiner Tasche und drückte die Finger der rechten Hand hinein, die er dann den Hunden hinhielt. Die Welpen kamen zu ihm, vorsichtig, aber hungrig und neugierig. Dieser Mann war so ganz anders als alle, die bisher in ihrer Nähe gewesen waren, und seine Hand roch köstlich. Kronhengst kniete nieder, nahm den Sack zwischen die Zähne, um beide Hände freizubekommen, langte zweimal schnell zu und hatte alle vier Welpen gepackt.

Die Hündin griff ihn knurrend an, aber er verscheuchte sie mit einer Handbewegung, und sie begann, nervös hin und her zu laufen. Eine Wand des Schuppens und ein Teil des Daches brannten nun. Er öffnete die anderen Verschläge und ließ die Hunde hinaus. Dann trat er langsam ins Freie. Er ging um den hinteren Teil der Kirche herum auf das Herrenhaus zu. Die Hündin folgte ihm. Immer wieder sprang sie hoch und jaulte. Jetzt sah Kronhengst den Wagen. Thorolf hatte ein brennendes Holzscheit auf das Dach geworfen. Kronhengst erinnerte sich, ein großgewachsenes Mädchen gesehen zu haben, das kurz vor ihrem Angriff noch Kunststücke auf dem hinteren Teil des Wagens vorgeführt hatte. Sie würde sich gut verkaufen – groß, flink und fähig, Dinge zu tun, die Käufer anlocken würden. Er fragte sich, ob sie sich wohl im Wagen versteckte. Wenn nicht, war sie entweder tot oder schon zu weit weg, und es lohnte sich nicht, einen Gedanken an sie zu verschwenden. Er rief einen seiner Männer zu sich und gab ihm den Sack mit den Hunden. Er trug ihm auf, sie auf dem schnellsten Wege zum Schiff zu bringen.

Die Hündin, die immer noch hochsprang und bellte, lief hinter dem Sack her.

Kronhengst warf einen Blick auf das Herrenhaus. Die Eingangstür stand offen. Die Wände rechts und links brannten lichterloh. Zwei seiner Männer zogen neben der Tür Gegenstände aus einem Sack und betrachteten sie Stück für Stück. Er forderte sie auf, zum *Fliegenden Drachen* zurückzukehren, und ging zum Wagen hinüber. Thorolf war von der Bühne herabgestiegen und betrachtete die Schnitzereien auf der Bühnenwand, während er darauf wartete, ob jemand durch die Tür kommen würde. Wegen der Hitze hatte er seinen Helm abgenommen, und sein Kahlkopf glänzte im Feuerschein.

«Ist noch jemand drin?»

Thorolf hob die Schultern. «Ich habe das Dach und den vorderen Teil in Brand gesteckt», sagte er. «In der Wand dort gibt es eine Tür.» Er setzte seinen Helm wieder auf und machte sich auf den Weg zum Hafen.

Kronhengst besah sich die Wand. Sie war mit Schnitzereien bedeckt, die blau, rot, gold und silbern angestrichen waren. Es sah aus wie ein Altar oder wie die Wand einer königlichen Schatz- oder Juwelenkammer. In der Mitte flogen goldene Engel um einen blauweißen Mond. Auf der linken und rechten Seite sah man ein Gewirr von Bäumen und Schlangen. Engel stiegen aus den Bäumen. Sie hatten das eine Bein im Maul einer Schlange und schoben mit dem anderen eine Wolke beiseite. Bei den Wurzeln der Bäume jagte ein Fabelwesen das andere. Unten an der Tür saß ein silberner schwanzloser Hund mit zwei Köpfen. Der eine Kopf fraß eine Lilie oder blies ein Horn, der andere bellte den Mond an.

Kronhengst war gerade zu dem Schluß gekommen, daß das Mädchen nicht mehr in dem brennenden Wagen sein konnte, als sie hinaustrat. Sie trug eine Wolfsmaske und hatte sich in eine Decke gehüllt. Sie bot einen seltsamen Anblick, wie ein Wesen aus einer anderen Welt, und Kronhengst zögerte zunächst. Dann aber griff er zu, packte sie bei den Knien, zog sie von der Bühne herunter und warf sie sich über die Schulter. Die Decke fiel zu Boden, und die Maske rutschte ihr vom Kopf. Er lief an dem brennenden Herrenhaus vorbei die gewundene Straße zum Hafen hinab.

Juls war bereits auf dem Schiff. Man hatte ihm die Hände fest auf den Rücken gebunden. In seinem Kopf dröhnte noch der Schlag, den er im Vorbeigehen von einem der Männer erhalten hatte.

Kronhengst kam als letzter vom Hügel herab. Nach Atem ringend ließ er Sydne neben der Laufplanke zu Boden fallen. Im Gesicht hatte er eine Schnittwunde. Die Tochter des Schmieds hatte ihn mit einem Stein beworfen, als er am Haus ihres Vaters vorüberging. Seine Haare und sein Rücken waren schweißnaß. Er hätte das zappelnde, sich windende und drehende Mädchen keine zehn Schritte mehr auf der Schulter halten können. Zwei Männer kamen die Laufplanke herunter, trugen Sydne auf das Schiff und ließen sie zwischen Kisten am Bug fallen, wo sich auch Juls befand. Kron-

hengst setzte sich auf einen Stein neben der Laufplanke, lehnte den Kopf zurück und versuchte, langsam wieder zu Atem zu kommen.
Die Tochter des Schmieds stand hinter der verriegelten Tür. Die Tante rief nach ihr. Sie ging zu ihr hin und setzte sich neben die Bettstelle. Sie nahm die Hand der alten Frau. «Es sind nur Jungen, die ihre Späße treiben», sagte sie. Die Tante machte ein Geräusch, das sich wie Lachen anhörte.

Ein wenig später kam Kronhengst an Bord. Die Rudergänger stießen den *Fliegenden Drachen* von der Pier weg und richteten den Bug auf das Meer. Der Wind hatte inzwischen von Südwest auf West gedreht. Das Schiff bog um eine Hafenecke und wandte sich nach links, um seinen Kurs entlang der Küste aufzunehmen. Sydne und Juls befanden sich im Bug des Schiffes auf roh gezimmerten Kisten, die nach Feuer, Teer und Fisch rochen. Sydne bemühte sich, Juls' Hände freizubekommen. Die Knoten waren fest, und sie konnte nichts sehen. Die steifgefrorenen Finger wollten ihr kaum gehorchen. Vor Anstrengung wurde ihr schwindlig. Sydne fror; sie hatte Durst, und ihre Hände zitterten vor Angst.
Es dauerte lange, bis alle Knoten gelöst waren. Sie hob den Kopf und blickte zum Heck hinüber. Das Segel verdeckte ihr die Sicht, so daß sie nicht viel mehr als die Schiffshälfte vor dem Mast überschauen konnte, aber sie sah die Beine des Anführers, einen Teil des Steuerruders, das er hielt, und das Becken voll glühender Kohlen zu seinen Füßen. Ein paar Männer standen unter dem Segel und hielten sich an der Webkante fest. Hin und wieder wechselte einer die Armhaltung. Zwei kleine

Gruppen hatten sich vor ihnen niederglassen und würfelten. Zumindest hörte es sich so an. Sydne fragte sich, wie die Männer im Dunkeln die Zahlen erkennen konnten. Fühlten sie die Vertiefungen der Augen, oder warf das dunkle Segel ein wenig Mondlicht zurück an Deck?
Von Zeit zu Zeit sagte einer der Männer etwas – einen kurzen Satz oder ein Wort nur –, und jedesmal hatte sie das Gefühl, als könnte sie es verstehen, wenn der Mann es noch einmal langsamer sagte. Wenn man fiebernd oder im Halbschlaf jemanden neben dem Bett reden hörte, war es genauso. Man verstand nicht genau, was er sagte oder meinte, aber es war auch keine fremde Sprache.
Juls war aufgestanden und sah zur Küste hinüber, die jetzt drei Meilen entfernt war. Auf einem Hügel standen zwei sehr hohe Bäume. Er erinnerte sich an den Kreis von Eschen auf Boles End und an die beiden alten Eichen, zwischen denen riesige dunkelrote Himbeeren an dornigen Sträuchern wuchsen. An einem sonnigen Augusttag konnte man unter diesen Bäumen stehen, sich an Himbeeren satt essen und über das Meer schauen. Ein alter Karrenweg führte von Boles End am Strand entlang nach Hedeby, vorbei an Klippen voller Steine, die gerade die richtige Wurfgröße hatten. Juls begann zu weinen. Er wollte zu seinem Vater und zu seiner Mutter. Er wollte nach Hause. Sydne stand auf und legte einen Arm um seine Schultern. Auch sie wollte weinen, aber sie versuchte, stark zu sein.
Lange standen sie schweigend da. Juls dachte wieder ans Beerenpflücken – wie sie den Sommer nach der Reife der jeweiligen Beeren bemaßen. Im Juni gab es Erdbeeren und Stachelbeeren; im Juli Kirschen, dann kamen Himbeeren und Johannisbeeren, dann gab es eine Zeitlang nichts, dann waren die Brombeeren reif.

Er biß sich auf die Lippe und hörte auf zu weinen. Er schämte sich. «Wir werden wieder nach Hause zurückkehren», flüsterte er, und es schien ihm sehr laut. Er wußte nicht wie, aber sie würden einen Weg finden. Sie würden Vater und Mutter wiedersehen. Seine Augen brannten, und er schloß sie. Er sah sich neben dem Turm auf der Erde sitzen, und Sydne war bei ihm. Sie aßen Obst und tranken Johannisbeersaft. Die Felder waren grün und ruhig.
Er öffnete die Augen. Sydne weinte.
Beide blickten sie zur Küste hinüber. Steil ragte das schwarze Land über dem Strand auf. Juls stellte sich vor, daß eine kurvenreiche Straße in ständigem Auf und Ab dort entlangführte. Sie war breit, übersichtlich und in beiden Richtungen sicher zu befahren. Die Sonne stand hoch am klaren Himmel. So würde es bei ihrer Rückkehr sein. Die Sonne würde scheinen, und Vater und Mutter würden sie am Hafen im Wagen erwarten; nicht in dem alten Wagen, der abgebrannt war, sondern in einem neuen, der mindestens ebensogut sein würde wie der alte, mit einer breiteren, tieferen Bühne. Sie würden zum Turm gehen, und er würde mit Sydne hinaufsteigen und geradewegs durch die Bäume hindurch und um die Kurven herum zur Römerstadt hinüberschauen, die in der Sonne leuchten würde.

Es war Mitternacht in Linkøbing. Herjolt saß neben dem Bett, auf dem sein toter Vater lag. Still brannte eine Kerze am Kopfende des Lagers. Herjolt war müde – so müde, daß er nichts außer der Schwere seines Körpers spürte. Alles hatte man ihm genommen. Sein Vater war tot, seine Mutter und seine Frau. Die einzigen Verwandten, die er noch hatte, waren sein Bruder, der ihn haßte, sein geistesschwacher Sohn, der seine Zeit damit verbrachte, am Ufer zu sitzen und Steine gegeneinander zu schlagen, und sein Onkel Thorolf, der mit Kronhengst an Bord des *Fliegenden Drachen* weilte. Er hatte auch eine Tante, aber sie war nicht blutsverwandt, sondern nur angeheiratet.

Herjolts Vater hatte ihn gelehrt, daß das Leben eine beschwerliche Reise voll Unglück und Verlust sei. Die Jahre zögen dahin, man werde alt, und Stück für Stück werde einem alles Schöne, alles, an dem das Herz gehangen habe und dessen man sich sicher gewesen sei, vom Schicksal genommen. Was blieb einem anderes, als tapfer zu sein und großzügig zu seinen Freunden, seine Gefühle zu verbergen und auf das Ende zu warten.

Flüsternd begann er, die Tugenden seines Vaters aufzuzählen – eine Liste, die er am Tag des Begräbnisses laut verkünden würde: die Kämpfe, die er ausgefochten hatte, die Orte, die er geplündert hatte, die Menschen, die er getötet hatte, die Fähigkeiten, die er besaß, die Geschenke, die er seinen treuen Gefolgsleuten gegeben hatte, und die Söhne, die er gezeugt hatte, daß sie seinem Beispiel folgen sollten. Herjolt kannte diese Liste auswendig.

Vor dem Fußende des Bettes hatte man Felle aufgestapelt. Von jeder Tierart, die sein Vater je gejagt hatte, war ein Fell ausgesucht worden. Darunter befand sich auch das Fell eines weißen Bären – riesig und schwer und dick. Diese Felle würden das Lager bedecken, das bald neben dem Mast des *Wütenden Schwans* errichtet werden sollte. Sein Vater würde auf diesem Bett liegen, wenn das Schiff in Brand gesetzt würde, damit seine

Seele direkt ins Land der mächtigen Toten getragen würde.
Das weiße Fell schimmerte im Licht des Feuers. Als Junge hatte er hin und wieder mit seinem Bruder darauf gespielt. Aber das war lange her. Er atmete tief ein und langsam wieder aus. Das Glück jener fernen Tage würde nie zurückkehren.
Er stand auf, ging zur Tür, öffnete sie und blickte gen Osten, wo er die ersten Anzeichen des Sonnenaufgangs zu erkennen hoffte. Der Himmel war ringsherum dunkel. Er schloß die Tür, ging zur Feuerstelle und schürte das Feuer.

Langsam erwachte Sydne aus einem wirren Traum voller vorbeihastender Menschen. Sie hatte geträumt, daß sie irgendwohin mußte, aber immer wieder aufgehalten wurde. Menschen, denen sie an verschiedenen Orten einmal begegnet war, tauchten auf und berichteten von unwichtigen Dingen. Das eine Mal ging sie auf das Herrenhaus zu, das andere dann wieder zum Wagen. Hunde, Pferde und Menschen hielten sie immer aufs neue an und drehten sie in die andere Richtung, so daß sie ihr Ziel nie erreichte. Ein Feuer brannte, eine Frau blutete. Von Zeit zu Zeit fiel ihr ein, daß sie Juls irgendwo alleingelassen hatte und ihn finden mußte.
Sie schlug die Augen auf. Es war kalt. Sie versuchte, trotz der Dunkelheit etwas zu erkennen. Sie lag im Freien. Warum? Mutter und Vater mußten sie in der Nacht nach draußen getragen haben. Wahrscheinlich, weil es im Wagen zu heiß war. Aber warum war es jetzt im April im Wagen schon zu warm? Und sie hörte andere Geräusche – nicht ganz so laut oder furchterregend wie im Traum, aber laut genug – zischendes Was-

ser, knarrendes Holz, jaulende Hunde und in der Ferne menschliche Stimmen. Und jetzt sah sie, daß sich die Sterne über ihr stetig auf sie zu und wieder weg bewegten.
Sie richtete sich auf.
Jetzt wußte Sydne, wo sie war. Sie wollte ihre Hand nach Juls ausstrecken, hielt aber inne. Es hatte keinen Zweck, ihn aufzuwecken. Am besten war es, wieder einzuschlafen und das Boot verschwinden zu lassen. Sie legte sich hin, diesmal mit dem Gesicht zu Juls, und schloß die Augen. Ihr war kalt, aber sie schlief wieder ein.
Als sie zum zweiten Mal aufwachte, war es heller Morgen. Juls saß bereits aufrecht da, rieb seine Beine und versuchte, die Muskeln zu lockern. Er hatte die Augen weit aufgerissen und fror offensichtlich.
«Guten Morgen», flüsterte Sydne. Es kam ihr merkwürdig vor, etwas so Alltägliches zu sagen, aber es war wohl das einzig richtige in diesem Moment.
Juls ließ die Schultern kreisen. «Guten Morgen.»
«Hast du gut geschlafen?»
Er nickte. «Und du?» Er wollte aufstehen, um sich ein wenig umzusehen. Doch dann beschloß er sitzen zu bleiben, bis Sydne ein wenig wacher war. Langsam, als ob sie einen steifen Hals hätte, wandte sie den Kopf und blickte über das Meer. «Wie viele Männer sind es?»
«Ich weiß nicht.»
«Beim Herrenhaus waren mindestens zwanzig.»
«Ich weiß nicht», wiederholte er.
Danach sprach keiner von beiden ein Wort. Schließlich rückte Sydne ein wenig näher an ihn heran und fragte ganz ruhig: «Was werden sie mit uns anstellen?»

Juls schaute auf seine Hände.
Auch Sydne schlug die Augen nieder. «Was auch geschieht, wir müssen zusammenhalten.»
Er nickte und schaute zum Heck des Schiffes hinüber. Vor dem Segel stand ein großer Mann mit kahlem Kopf und buschigen Augenbrauen. Er musterte sie, wie ein Bauer zwei Pferde betrachten würde. Juls tat so, als habe er es nicht bemerkt.
«Wir müssen uns gegenseitig schwören, daß wir uns auf keinen Fall trennen lassen. Was auch geschehen mag», sagte Sydne.
«Ich schwöre», sagte er.
«Beim Kreuz?»
«Beim Kreuz.»
«Ich auch.» Sie spuckten auf die Finger und schlugen das Kreuz über dem Herzen.
«Heute abend werden wir anlegen», sagte Juls. «Schiffe bleiben nachts nur dann auf See, wenn sie unbedingt müssen, auch solche Schiffe wie dieses hier. Wir können uns davonschleichen, wenn sie schlafen. Wir werden einfach in die Wälder laufen.»
Sydnes Magen knurrte, aber Juls tat so, als habe er es nicht gehört. Auch er hatte Hunger, aber er konnte es aushalten. Er wollte nichts von diesen Leuten essen. Wenn er mit Sydne erst in den Wäldern war, würde es ihnen nichts ausmachen, sich ein paar Tage von Wurzeln zu ernähren. Oder nichts zu essen.
Sydne sah ihn an. «Sie haben den Wagen angezündet. Ich war drin, aber sonst niemand.»
«Ich habe es gesehen, als sie mich gefesselt haben», sagte Juls.
Der Kahlkopf mit den buschigen Augenbrauen ging auf die andere Seite des Segels und war außer Sicht. Juls

stand auf und warf zum ersten Mal einen prüfenden Blick über das Schiff. Es erschien ihm riesig. Der schwere Mast glich einem Baumstamm ohne Rinde und schien viel zu groß, als daß ein Schiff ihn tragen könnte, ohne umzukippen. Das riesige Segel mit seinen Flecken und Streifen verdeckte den halben Himmel. Das Deck stand voller Kisten und Fässer. Vor dem ersten Ruderloch auf der linken Seite sah er einen großen Webstuhl, und die Füße eines kleineren schauten hinter dem Ruderstock hervor. Er sah auf Sydne herunter. «Sie müssen ein Jahr lang auf Beutezug gewesen sein.»

Sie stellte sich neben ihn und zählte die Männer. Auf dieser Seite des Segels waren es vier- oder fünfundzwanzig. Einer von ihnen kniete vor einem Lukendeckel und dichtete ihn mit heißem Pech, das in einem Becher neben ihm stand. Drei andere holten Eimer voll Wasser aus einer anderen Luke und leerten sie über Bord. Alle waren beschäftigt.

Von Zeit zu Zeit hielt einer der Männer bei der Arbeit inne und blickte zu Sydne herüber, und jedesmal bekam sie Angst, aber sie wandte sich nie ab. Das machten nur Hunde oder Sklaven, und sie würde sich nicht wie ein Hund oder eine Sklavin verhalten. Ein etwa sechzehn Jahre alter Mann, der ein Tuch um den Hals gebunden hatte, starrte fortwährend auf Juls, und das beunruhigte sie mehr als alles andere.

Langsam drehte sie sich um, setzte sich mit dem Rücken zur Mannschaft hin, griff in die Tasche ihres Überkleides, nahm den Lederbeutel heraus und tastete ihn ab. Das Glas war unversehrt. Sie öffnete den Beutel, nahm die Glasscheibe heraus und betrachtete prüfend den Rahmen. Auch er war nicht zerbrochen. Sie blickte durch das Glas auf ihre Füße und strich mit den Fingern

über die glatte Oberfläche. Es war ein Kleinod, ein Amulett.
Wenn die Wikinger es fänden, würden sie es bestimmt wegnehmen. Sie überlegte, wo sie die Glasscheibe verstecken könnte. Zwischen den beiden Kisten da vorn? Aber dann müßte sie sie vielleicht zurücklassen, wenn sie fortliefen – falls sie fortlaufen konnten. Wenn nicht, mußte sie sich das Fensterchen holen, bevor sie von Bord gebracht wurden. Was aber, wenn jemand sie dabei beobachtete? Es würde heißen, sie hätte es gestohlen, und Sklaven konnten dafür getötet werden. Wenn man sogar in England Sklaven für einen Diebstahl tötete, dann war es bei den Wikingern sicher nicht anders. Und wenn sie Juls die Scheibe gab, würde er in Gefahr geraten. Sie ließ sie wieder in den Beutel gleiten und steckte ihn in die Tasche.
Plötzlich stand ein Mann mit einem Brotkorb hinter ihr. Er gab jedem von ihnen ein halbes Stück. Sydne aß ihr Brot, doch Juls warf sein Stück über Bord, nachdem er sich vergewissert hatte, daß es niemand sah. Er war entschlossen zu fliehen, bevor er auch nur einen Happen von ihrem Essen zu sich nähme.
Der *Fliegende Drache* fuhr weiter an der Küste entlang. Die See war ruhig, und die verhangene Sonne erreichte langsam ihren Höchststand. Sydne und Juls standen am Bug. Sie sagten nicht viel, dachten nicht viel und warteten nur ab.
Wenn die Männer pinkeln mußten, taten sie es über Bord. Das fiel schon Juls schwer, aber für Sydne war es noch härter, da sie das einzige Mädchen auf dem Schiff war. Aber sie hatte keine andere Wahl. Deshalb stand sie im Laufe des Vormittags auf, zog den Rock hoch und setzte sich über die Bordwand, wobei sie sich am Bug

festhielt. Juls schaute in eine andere Richtung. Niemand schien Sydne zu beachten.
Ihr langes Haar war verheddert. Sie hätte es gern ausgekämmt und geflochten, aber sie hatte keinen Kamm. Weil sie es nicht einfach ins Gesicht fallen lassen wollte, strich sie es hinter die Ohren und kämmte es mit den Fingern. Dann flocht sie sich einen so festen Zopf wie möglich. Ein Stück Kordel hing zwischen zwei Kisten am Bug. Sie bat Juls, es ihr zu holen und damit das Ende des Zopfes zu binden. Ob ihr Gesicht wohl schmutzig war? Ihre Finger zitterten, als sie den Zopf festhielt. Sie dachte an Mutter und Vater.
Sie hatte Angst.
Juls setzte sich mit Sydne in den Windschatten. Sie versuchten sich einzubilden, daß die verhangene Sonne sie aufwärmte. Wenn sie über die Schultern blickten, konnten sie die englische Küste vorbeiziehen sehen, aber sie versuchten, nicht daran zu denken. Statt dessen hörten sie den Wikingern zu. Langsam gewöhnten sie sich an die Laute und verstanden immer mehr. Es war, als ob Hunde Englisch sprächen. Die Hälfte der Wörter hörte sich an wie Gebell oder Gekläff oder Geheul. Als wären die Münder der Wikinger nicht dafür geschaffen, angenehme oder freundliche Laute zu formen. Wenn man einen Hund auf diese Weise hätte Englisch reden hören, hätte man gesagt, er sei ein wunderbares Tier. Aber die Wikinger waren keine Tiere, sie waren Menschen. Vor langer Zeit hatten ihre Vorfahren und die Vorfahren von Sydne und Juls einmal dieselbe Sprache gesprochen. Aber die Laute, die sie jetzt ausstießen, klangen scheußlich.
Und doch gab es in ihrer Sprache vieles, das dem Englischen ähnlich war. Wenn man einmal herausgefunden

hatte, wie sie einzelne Laute in andere umwandelten, begann man, sie zu verstehen. Mehr noch als die Engländer fügten sie mit Vorliebe Wörter zu einem dritten Begriff zusammen. Sydne hatte den Begriff «Armstärke» drei- oder viermal gehört, bis sie erkannte, daß damit «Arbeit» gemeint war. Juls glaubte es ihr nicht, bis er selbst einmal darauf achtete. Nach einiger Zeit begannen sie, selbst neue Wörter zu bilden, um sich zu zerstreuen. Sydnes Lieblingswort war «Kinnhalten», womit sie das Einschlafen am Tisch bezeichnete. Juls Lieblingsbegriff war «Zungenbrecher» für die englische Sprechweise der Wikinger.

Herjolt stand auf dem Hügel hinter Linkøbing und sah hinunter auf den Fjord, der vor ihm im Sonnenlicht glänzte. Zu seiner Rechten lag das Meer. Ein stürmischer Wind aus Süden trieb Wolken über den Horizont. Wahrscheinlich würde es in ein paar Stunden einen Sturm geben.

Bei Tagesanbruch hatte er mit einigen Männern den *Wütenden Schwan* den Fjord hinunter aufs offene Meer hinausgesegelt und von dort ein Stück die Küste hinauf. Jetzt lag das Schiff etwa eine halbe Meile von Herjolt entfernt am Strand. Im Wald hinter sich hörte er die Äxte der Holzfäller, die Stützbalken für das Schiff herrichteten und Feuerholz spalteten, um es darunter aufzuschichten. Er sah, wie zwei Männer mit einer Leiter zum Schiff gingen, sie anlegten und an Bord stiegen. Sie hatten Besen und Eimer bei sich. Noch vor Sonnenuntergang würden Zimmerleute in der Mitte des Schiffes einen Raum errichtet haben. Dort, auf einem Lager aus

Fellen, würde sein Vater ruhen, bis ihn das Feuer in den Himmel trug.
Er folgte mit den Augen dem Verlauf des Fjordes bis hin zu dem Erdwall, der Linkøbing gegen Angriffe von Landseite schützte. Es war ein hoher, breiter, halbkreisförmiger Wall, der die Siedlung umgab. An jedem Ende ragte er ein Stück in den Fjord hinein. Dieser Wall war schon dagewesen, als sein Vater geboren wurde, aber er hatte ihn höher und breiter gemacht und seine Enden durch Steine verlängern lassen. In der Mitte gab es einen schmalen Durchlaß mit einem schweren Holztor. Von dort führten drei Straßen weg. Die eine verlief nach Westen auf das Meer zu und endete fast genau an der Stelle, an der der *Wütende Schwan* jetzt lag; die andere führte zunächst nach Osten, dann nach Süden und – zwischen dem Wasser auf der einen Seite und Bauernhöfen und Wäldern auf der anderen – am Fjord entlang. Die dritte schließlich stieg bergan und kam in fast gerader Linie auf Herjolt zu.
Alles, was er hier vor sich sah, sollte er beherrschen, wenn die Menschen ihm die Treue hielten: der Erdwall, davor die beiden Halbkreise von Häusern, Hütten und Ställen, das Gemeinschaftshaus, das sein Vater erneuert und vergrößert hatte, die Gehöfte und die Wälder. Sie alle unterstanden jetzt seinem Schutz, dem Schutz des Stammesführers Herjolt von Linkøbing. Aber heute oder morgen oder in der nächsten Woche würde Kronhengst mit einem Schiff voller Beute aus England zurückkehren und ihm die Herrschaft streitig machen.
Ein paar Männer traten aus dem Tor und trugen die ersten Schätze zum Schiff, die mit verbrannt werden

sollten. Herjolt war zufrieden und beinahe glücklich. Er tat das Richtige für seinen Vater, er befolgte alle Vorschriften und hielt nichts zurück. Um ihn herum auf dem Hügel befanden sich die Gräber vieler guter Männer und Frauen, die in Ehren und mit vielen Schätzen begraben worden waren, aber sein Vater, der große Stammesführer von Linkøbing, verdiente mehr als nur ein ehrenvolles Grab. Er verdiente es, in Flammen und Rauch gen Himmel gesandt zu werden.

Kronhengst hätte den *Wütenden Schwan* bestimmt nicht für ihren Vater verbrannt, oder das Schiff auch nur mit so vielen Schätzen aus dem Gemeinschaftshaus beladen. Er hätte aus Habgier etwas zurückbehalten. So war Kronhengst, verschlagen und kleinmütig, großzügig nur dann, wenn er einen Gewinn daraus ziehen konnte. Er würde genauso nach Linkøbing zurückkehren, wie er hinausgefahren war: machthungrig, prahlerisch, voll falscher Versprechungen. Und morgen schon, oder in einem Monat oder in einem Jahr würde er versuchen, Herjolt zu töten. Das war sicher.

Herjolt sah, daß sein Sohn aus dem Tor kam und den Weg bergauf einschlug, der ihn zu seinem Vater führte. Der Junge trug zwei Steine, die er gegeneinander schlug. Auf halbem Wege hügelan blieb er stehen, warf einen Stein in die Höhe und versuchte, ihn zu fangen. Es gelang ihm nicht. Er ging zu der Stelle, an der der Stein zu Boden gefallen war, und sah sich suchend um. Kurz darauf ließ er den zweiten Stein fallen und stand einfach da, als habe er vergessen, was er tun wollte. Herjolt schüttelte den Kopf. Wenn er am Tag seiner Geburt gewußt hätte, daß sein Sohn geistesschwach war, hätte er ihn niemals leben lassen und ihm einen Namen gegeben. Später, nachdem er Bescheid wußte, hatte er ihn nie

wieder bei seinem Namen gerufen. Wenn er ihm etwas zu sagen hatte, redete er ihn nur mit «du» oder «Junge» an.
Der Junge kehrte auf den Pfad zurück und ging weiter bergan. Wahrscheinlich wollte er seinem Vater die eine oder andere Frage stellen. Und wenn er eine Antwort bekäme, würde er dreinschauen, als hätte er sie nicht verstanden, und eine andere Frage stellen oder dieselbe Frage wiederholen. Nun, diesmal würde er seine Frage für sich behalten oder seiner Tante stellen müssen. Herjolt ging den Pfad hinunter, und als er an dem Jungen vorbeischritt, stieß er ihn beinahe um. Thyri drehte sich um und sah seinem Vater nach, bis er hinter dem Tor verschwand. Es überraschte ihn nicht. Er hatte schon damit gerechnet, daß sein Vater an ihm vorbeigehen würde, ohne ihn zu beachten, aber es machte ihn jedesmal aufs neue traurig.

Um den *Fliegenden Drachen* tobte ein Sturm. Das Meer wurde von Minute zu Minute wilder, und der Wind pfiff um das Segel.
Aufmerksam betrachtete Juls Kronhengst, während das Schiff in Wellentäler tauchte und aufschlug, sich aufrichtete und in das nächste Wellental hinabfiel. Dabei hielt es einen Zickzackkurs entlang der Küste. Immer, wenn es Kurs auf das offene Meer nahm, wurde das Segel herumgeschwenkt, und Juls konnte Kronhengst sehen. Zwei Dinge zogen Juls' Aufmerksamkeit auf sich – die gelben Handschuhe des Mannes und seine kleinen Augen, die vom Ufer zum Segel und von dort auf die Wolken und wieder zurück zum Ufer wanderten. Er sah ruhelos und vielleicht ein wenig ängstlich aus. Von Zeit zu Zeit warf er auch einen kurzen Blick auf Juls, der

dies Sydne gegenüber, die den Himmel beobachtete, nicht erwähnte, denn er wollte sie nicht ängstigen.
Während einer kurzen Flaute im Sturm übergab Kronhengst das Ruder an den Mann mit dem Kahlkopf und den buschigen Augenbrauen, kam auf sie zu und musterte sie. Sie senkten den Blick. So ist es also, dachte Sydne, wenn man eine Sklavin oder eine Kuh ist. Langsam ging er um sie herum und stellte sich dann wieder mit verschränkten Armen vor sie. Sydne starrte auf seine gelben Handschuhe. Auf den Handrücken befand sich jeweils ein schmaler Streifen aus schmutzigweißem Fell, und auf jedem Finger erkannte sie eine Reihe von Runen – magische Zeichen, die den Feind bezwingen und ihn selbst stärken sollten. Die Runen, die aus blanken schwarzen Steinchen hergestellt waren, sahen aus wie krabbelnde Insekten.
Kronhengst, der einen halben Kopf kleiner als Sydne war, starrte über ihr linkes Ohr hinweg in den Himmel. Nach einer Weile warf er einen flüchtigen Blick auf Juls, um sich sofort wieder abzuwenden. «Sag mir deinen Namen.»
«Juls.»
Kronhengst nickte. «Ich bin Kronhengst. Ich bestimme über dieses Schiff und über alles, was es mit sich führt. Du darfst mich nur dann ansprechen, wenn ich die Erlaubnis erteile oder dir eine Frage stelle. Du darfst mir nicht in die Augen sehen.» Flüchtig streifte sein Blick Sydne. «Sag mir deinen Namen.»
«Sydne.»
«Alle Sklaven sind gleich», sagte er, «ob Mann, ob Frau, sie verrichten dieselbe Arbeit und erhalten dieselben Strafen.»
«Wir sind Schausteller», sagte Sydne.

Er zog einen Handschuh aus und schlug ihr mit seiner nassen Hand ins Gesicht. Beinahe wäre sie gestürzt, aber eher wegen der Schaukelbewegung des Schiffes als von der Wucht seines Schlages. «Du sollst mich nicht ansprechen. Ich bin dein Besitzer.»
Sydne fürchtete sich. Sie stellte sich vor, er würde sie niederschlagen oder sie sogar über Bord werfen.
«Ihr könnt Kunststücke? Ich habe gesehen, wie ihr auf eurem Wagen Sachen in die Luft geworfen habt.»
Sydne schwieg zunächst aus Angst, er wolle sie zum Sprechen bringen, damit er einen Grund hätte, sie wieder zu schlagen, aber dann sah sie, daß er wirklich eine Antwort hören wollte. «Das ist unsere Arbeit», sagte sie. «Die Kunststücke sind Teil unserer Vorstellung.»
«Vorstellung?» fragte er. «So etwas gibt es nur bei euch. Bei mir wird gearbeitet. Ihr sollt euer Brot verdienen.» Er wandte sich um. «Eure Götter haben diese Küste hier so rauh gemacht, um euch für eure Feigheit zu strafen. Ein Sturm zieht auf, und wir müssen hindurch.» Er winkte einen Mann zu sich heran. «Er wird euch zeigen, wohin ihr gehen müßt. Ihr sollt Wasser schöpfen. Wenn ich zu euch hinschaue, will ich euch bei der Arbeit sehen. Folgt ihm.»
Der Mann führte sie über das schwankende Deck zum Mast, vorbei an fünfzehn oder zwanzig Männern. Der einzige, der zu ihnen aufblickte, war der Mann mit dem Tuch um den Hals. Die Mannschaft war damit beschäftigt, Kästen, Fässer und Seekisten mit Seilen zu befestigen. Gischt hing in der Luft und setzte das Deck unter Wasser. Es war, als ginge man durch einen salzigen Wolkenbruch. Die Männer am Segel bekamen am meisten ab. Das Wasser rann in Strömen vom Segel herab auf ihre Köpfe und Schultern und Rücken.

Jenseits des Mastes lag auf der rechten und linken Schiffsseite jeweils ein Stapel Ruder. Sie bildeten einen Gang, der vom Mast bis zum Heck des Schiffes führte. An Deck war bereits alles so fest vertäut, daß man die Wege von den beiden Luken zu den Bordwänden deutlich erkennen konnte. Wo die Hunde wohl sind, schoß es Sydne durch den Kopf. Der Mann führte sie zwischen den aufgestapelten Rudern hindurch zu der zweiten Luke und hob den Deckel hoch. Er deutete auf zwei Eimer, an deren Griffen Seile befestigt waren. «Schöpfen», sagte er und ließ sie stehen. Sie begannen zu arbeiten. Da Sydne längere Arme hatte, beugte sie sich in die Luke und füllte die Eimer, die Juls dann an den Rudern vorbei zur Reling trug, um das Wasser dort ins Meer zu kippen. Sie waren froh, etwas zu tun zu haben, und sei es auch nur, um warm zu werden.
Im Zickzackkurs steuerte Kronhengst das Schiff näher an die Küste und suchte nach einer günstigen Stelle, um anlegen zu können, aber vergebens. Entlang der gesamten Küste erblickte er in beiden Richtungen nur Brandung und Felsen. Wenn wir nun untergehen, dachte Sydne, aber sie glaubte eigentlich nicht daran. Sie war sicher, daß es nicht schlimmer kommen konnte, als es bereits war.
Jedesmal, wenn das Schiff einen Wellenberg überquerte, schlugen die Kisten im Schiffsinnern, unterhalb der Luke, gegeneinander. Was wäre, wenn ihre Hand dazwischen eingeklemmt würde? Die Luke war wie ein riesiges Maul, das nur darauf wartete, alles zu zermalmen, was man hineinsteckte. Was wäre, wenn es ihre rechte Hand erwischte? Dann könnte sie nicht mehr jonglieren. Und sie könnte nicht mehr auf den Händen gehen, obwohl sie vielleicht versuchen könnte, einen

Handstand mit der linken Hand auszuführen. Sie könnte weder Purzelbäume, noch Brücken oder Räder schlagen. Sie wäre zumindest für die meisten ihrer Kunststücke nicht mehr zu gebrauchen.
Auch wenn die Hand mit der Zeit vielleicht heilen würde, könnte sie niemals mehr auftreten. Sie kannte einen Priester in West Sussex, dessen Hand unter das Rad eines Karrens geraten war. Er konnte seine Finger immer noch nicht um den Abendmahlkelch legen.
Das Deck war naß und glitschig. Sie hatte das Gefühl, als liefe mehr Wasser in die Luke, als sie herausschöpfte. Sie war von oben bis unten völlig durchnäßt. Ebenso Juls. Für einen Augenblick richtete sie sich auf den Knien auf und blickte zum Ufer, das hinter Nebelschwaden verschwand. Sie hatte plötzlich aufkommende Stürme schon erlebt – aber immer nur an Land und nicht so wie hier. Jetzt konnte sie sich denken, was ihr Fensterchen auf seinem Weg von Jerusalem nach Osso Wisoff erlebt hatte. Sie begann wieder zu schöpfen und versuchte, die Eimer bis zum Rand zu füllen. Juls trug sie nicht mehr bis an die Bordwand; er ging nicht einmal mehr an den Rudern vorbei. Er kroch auf allen vieren, hob die Eimer und schob sie vor sich her, wobei er die Hälfte ihres Inhalts oder mehr verschüttete.
Immer wieder schlug eine Welle hart gegen den Rumpf. Der Aufprall ließ das gesamte Schiff erzittern. Jedesmal schlug Sydnes Herz bis zum Hals, und sie warf einen kurzen Blick über das Schiff, ob es nicht entzweibrechen würde. Nach einem solchen wuchtigen Schlag befahl Kronhengst, das Segel umzulegen, und steuerte weg von der Küste aufs offene Meer zu.
Kurz danach kamen drei Männer mit Eimern zu der Luke und forderten Sydne und Juls auf, aus dem Weg zu

gehen. Einer der Männer sprang in die Luke, hielt die Kisten mit den Füßen auseinander und begann, in atemberaubender Geschwindigkeit volle Eimer hinaufzureichen. Sydne und Juls beobachteten ihn eine Zeitlang. Dann stolperten und krochen sie zwischen den Rudern hindurch zum Heck. Hier fanden sie die Hunde. Einer der Männer hatte die Kisten verschoben, festgezurrt und den entstandenen Raum als Schutz gegen Wind und Wasser abgedeckt. Juls schob die Plane zur Seite und kroch mit Sydne zu den Hunden. Schnell zog er das Dach wieder zu. Sofort krochen die warmen, übelriechenden Hunde über sie hinweg. Sogar die Hündin freute sich, sie zu sehen.
Als sie die Hunde ein wenig gestreichelt und sich an den Geruch und die Dunkelheit gewöhnt hatten, beschlossen sie, sich die Zeit mit einem Rätsel zu vertreiben. Es war Sydnes Vorschlag. Sie froren, hatten Hunger und konnten nichts tun. Es würde sie vom Schiff und vom Sturm ablenken.
Das letzte Rätsel hatte von einem Turm gehandelt, das vorletzte von einem Dach; jetzt wollten sie sich ein Rätsel über eine Leiter ausdenken.
«Eine Treppe rauf und runter.»
«Das ist zu einfach. Straße.»
«Eine Straße?»
«Eine Straße, die auf und ab geht.»
Sie sprachen lange darüber, warum Juls der Meinung war, «Straße» sei besser als «Treppe», und warum Sydne «Treppe» besser fand als «Straße».
«Ich führe dorthin, wohin ich zeige. Ich kann dich leiten, wohin du mich richtest.»
«Ich leite dich, wohin du mich richtest, und mein Ende ist wie mein Beginn.»

«Mein Ende ist wie mein Anfang.»

Sie redeten lange über den Unterschied zwischen «Beginn» und «Anfang». Wichtig war, daß das Rätsel sechs gute Zeilen hatte.

«Wie viele Zeilen haben wir?» fragte Juls, nachdem sie lange daran gearbeitet hatten.

«Ich bin eine Straße, die auf und ab geht. Ich führe dich dorthin, wohin du mich richtest. Mein Ende ist wie mein Anfang. Wenn ich stehe, lehne ich. Nein. Ich lehne. Das sind vier. Wir brauchen noch zwei.»

Am Nachmittag spannten die Männer Seile um die Mitte des *Fliegenden Drachen* – das eine etwa zehn Fuß vor den Mast, das andere etwa zehn Fuß hinter den Mast – und drehten Stangen hinein, bis die Seile straff waren. Das war so ziemlich alles, was sie noch tun konnten, um das Schiff vor dem Auseinanderbrechen zu bewahren. Im schlimmsten Fall mußten sie den Mast kappen, und zwei Männer hielten sich schon dafür bereit. Das Segel war eingeholt, das Ruder eingezogen. Das Schiff tanzte auf den Wellen wie ein Stock auf einem reißenden Fluß.

Dann ließ der Wind allmählich nach, und das Meer wurde ruhiger, obwohl noch eine lange, hohe Dünung herrschte. Der Sturm zog vorüber. Sydne und Juls schoben die Hunde beiseite und stiegen aus ihrem Unterschlupf. Sie sahen sich um. Das Segel war wieder gehißt. Immer noch schöpften Männer Wasser aus den Luken. Sie kehrten zu ihrer Luke zurück, aber niemand machte ihnen Platz. Daher bahnten sie sich einen Weg zwischen Männern und Kisten und abgebrochenen Holzstücken hindurch zum Bug. Sie gingen ganz nah an Kronhengst vorbei, aber er sprach sie nicht an. Niemand beachtete sie, nicht einmal der Mann mit dem Tuch um den Hals. Als sie den Bug erreichten, begannen sie mit ihren

Übungen zum Aufwärmen, die sie immer vor Beginn einer Probe oder einer Vorstellung durchführten. Zum ersten Mal seit ihrer Entführung wurde ihnen richtig warm. Es tat gut, sich wieder wie Schausteller zu benehmen. Als sie fertig waren, dampften ihre Kleider in der kalten Luft, und ihre Füße waren beinahe heiß.
Sie blickten hinaus auf das Wasser. Nebelschwaden zogen darüber hinweg. Sie sagten ihr Rätsel vorwärts und rückwärts auf, um es nicht zu vergessen.

Ich bin groß oder klein.
Ich bin eine Straße, die auf und ab geht,
aber jedermann kann durch mich hindurchsehen.
Ich führe gen Himmel und in die Hölle,
und mein Ende ist wie mein Anfang.
Wenn ich stehe, lehne ich.
Was bin ich?

Nachdem sie eine Nebelwand durchstoßen hatten, tauchte Land vor ihnen auf. Weniger als eine Meile entfernt erblickten sie ein Stück Strand, hinter dem sich ein Wald abzeichnete. Juls kletterte auf ein paar Kisten, um besser sehen zu können. Auch dort gab es eine Brandung, aber er konnte keine größeren Felsen im Wasser entdecken. Er versuchte, die Entfernung zwischen Küstenlinie und Wald abzuschätzen und festzustellen, wie steil der Anstieg war. Es sah nicht so schlimm aus. Er sprang hinunter, als ein Mann mit trockener Kleidung und zwei Brotkanten für sie auftauchte. Erstaunt blickten sie auf die Kleidungsstücke. Sie konnten kaum glauben, daß es noch trockene Sachen an Bord gab. Juls begann, die Kleider zu wechseln, aber Sydne wartete noch und schaute zur Küste hinüber.

Der *Fliegende Drache* fuhr mit einer solchen Geschwindigkeit auf den Strand hinauf, daß er zehn oder fünfzehn Fuß über Kies und Sand glitt, bevor er zum Halt kam. Im Nu tauchten zwei Männer zwischen Juls und Sydne auf und nahmen den Bugpfosten mit dem Drachenkopf herunter. Fünf oder sechs andere Männer hoben die Laufplanke auf, die links unter der Reling lag, und schoben sie über Bord. Alle anderen nahmen Sachen an sich, die ausgeladen werden sollten. Dann liefen die Wikinger eine Weile emsig die Laufplanke hinunter und wieder herauf. Vom Strand her hörte man das Geräusch von Hämmern und Äxten. Da das Schiff am Bug sehr hochgezogen war, konnten Sydne und Juls den Strand nicht sehen; aber sie konnten über die Seiten hinweg Männer beobachten, die mit Äxten und Seilen hügelaufwärts kletterten, um Holz zu holen.
Der Mann mit dem Halstuch war immer noch mit dem Entladen des Schiffes beschäftigt. Er hatte breite Schultern und ein rundes Kindergesicht. Es schien, als arbeite er gern oder als könne er nicht lange stillsitzen.
«Das ist der, den ich mit dem brennenden Holzscheit verletzt habe», sagte Juls.
«Welcher?»
«Der da oben auf der Laufplanke steht. Er hat ein Tuch um den Hals. Der mit dem Bündel Zeltstangen. Ich glaube jedenfalls, daß er es ist.»
«Weiß er, daß du es warst?»
«Er ist danach gleich auf mich los. Ich wäre entwischt, wenn ich nicht über jemandes Beine gefallen wäre.»
Verängstigt schauten sie einander an. Wenn Juls hätte entwischen können, wäre er jetzt zu Hause und Sydne wäre allein hier. «Es ist schon besser, daß es so gekommen ist», sagte Juls.

Sie beobachteten den Mann, der jetzt die Laufplanke wieder heraufeilte, um die nächste Ladung zu holen. Wie er auch sein mochte, er war auf jeden Fall eifrig, und er sah recht fröhlich aus. Plötzlich fiel sein Blick auf Juls. Er schüttelte die Faust und streckte die Zunge heraus. Dann verschwand er ein letztes Mal über die Laufplanke nach unten.

Jetzt befand sich nur noch ein Wikinger an Bord. Er hockte auf der anderen Seite des Masts und versuchte, in einem Kohlenbecken Feuer zu machen. Jetzt, dachte Sydne, ist die Zeit günstig, um Kleider zu wechseln. Sie wollte ihr Überkleid ausziehen, aber es klebte vorn und hinten an ihr fest, als wäre es angeleimt. Sie öffnete die Rockbendel. Der Rock ließ sich leicht ausziehen. Der trockene Rock war ein wenig zu kurz, aber er fühlte sich an den Beinen gut an. Er war aus Leinen und hatte ein samtweiches Futter. Sie fragte sich kurz, wo man ihn wohl gestohlen und wer ihn zuletzt getragen hatte, und ob die Frau noch am Leben war.

Mit Juls Hilfe versuchte sie noch einmal, das Überkleid auszuziehen, und diesmal löste es sich. Als sie es fast schon über den Kopf gezogen hatte, verhedderte sich das Kreuz, das sie um den Hals trug, im lose gewebten Stoff. Sie konnte weder vor noch zurück. Ihr Herz schlug schneller. Sie hatte Angst zu ersticken. Aber Juls griff in das Überkleid, löste das Kreuz und befreite sie. Darauf konnte Sydne das Überkleid nicht schnell genug loswerden und schleuderte es weit von sich in eine Ecke. Kurz darauf trug sie außer den Schuhen nur trockene Sachen. Sie nahm das Fensterchen aus ihrem nassen Überkleid und steckte es in das trockene. Als sie sich umdrehte, kam der Mann, der sich hinter dem Mast an dem Kohlenbecken zu schaffen gemacht hatte, zu ihnen.

Er stellte das Becken zwischen sie auf die Planken. «Danke», sagte Sydne. Er wandte sich ab und ging die Laufplanke hinunter.
«Sie wollen, daß wir gesund bleiben», sagte Juls. «Sonst bekommen sie kein Geld für uns.»

Es war Nacht. Der Sturm, der den *Fliegenden Drachen* auf See überrascht hatte, erreichte nun Linkøbing.
Herjolt stand an der Feuerstelle des Gemeinschaftshauses, trank Honigwein und nagte an einer gebratenen Schweinshaxe. Der älteste der Fünf Weisen stand neben ihm – der Mann, den sein Vater am besten gekannt und dem er am meisten vertraut hatte. Herjolt hatte ihn zu sich gebeten, um mit ihm zu speisen und ihn um Rat zu fragen. Den hatte er jetzt bekommen, und er war froh darüber, denn es war genau das, was er hatte hören wollen. Der alte Mann hatte ihm geraten, er solle Kronhengst am Tage seiner Ankunft zum Treueeid zwingen, noch bevor er sein Schiff verlassen hatte, und falls er sich weigerte, solle er ihn irgendwie töten – im Kampf, durch Verrat oder einen Hinterhalt.
Nun wünschte sich Herjolt, der alte Mann würde ihn allein lassen, doch er blieb, aß, trank und redete. Endlich setzte er sich, lehnte sich gegen die Feuerstelle, schloß die Augen und begann, in seinen Bart zu schnarchen.
Herjolt setzte seinen Weinkelch ab und verließ leise das Gemeinschaftshaus. Ein heftiger Wind blies eine Mischung aus Regen, Eis und Schnee vor sich her. Herjolt ging durch die Dunkelheit zu der Hütte, in der sein Sohn Thyri schlief. Er mied ihn, wenn er wach war, aber von Zeit zu Zeit besuchte er ihn, wenn er schlief. Dann stand er neben seinem Bett und hing seinen Träumen nach. Er stellte sich den Jungen als Mann vor, der in

einem großen Schiff den Fjord hinaufkäme, das mit Gold, Seide und den besten Waffen beladen war, die man stehlen konnte. Kisten und Fässer voller Juwelen standen vor dem Mast, gutes Fleisch und Waffen dahinter und unter Deck. Die Mannschaft war tapfer und treu ergeben, und nah und fern besang man den Großen Thyri in Liedern. Hoch aufgerichtete Steine voll mächtiger Runen kennzeichneten die Orte, an denen er gewesen war.
Manchmal streckte Herjolt dann seine Hand aus und berührte den Jungen. In dieser Nacht tat er es nicht. Statt dessen strich er über seine eigenen alten Wunden – die Narbe auf dem Rücken seiner rechten Hand, die er sich auf einem Beutezug in Schleswig vor fünf Jahren zugezogen hatte, die Beule auf seiner linken Schulter, die zweimal in einem Jahr gebrochen war, und die schmerzhafte Stelle an seinem Knie, auf die er während eines Sturms an Deck des *Wütenden Schwans* gefallen war.
Lange stand er so bei seinem Sohn. Dann verließ er die Hütte, ging zum Gemeinschaftshaus zurück, legte sich neben die Feuerstelle und versuchte einzuschlafen. Der alte Mann war immer noch da und schnarchte, aber das störte Herjolt nicht. Sein Vater hatte auch geschnarcht, er war daran gewöhnt.

Die Wikinger hatten neben dem *Fliegenden Drachen* auf dem Strand ein schwarzgelbes Zelt errichtet. Es war von Holzpfählen gestützt, die in zwei Reihen tief in den Sand hineingetrieben worden waren. Beim Feuer standen hohe Pfosten, über die man Seile gespannt hatte. Die Wikinger hatten ihre Kleider ausgezogen und sie zum Trocknen darüber gehängt. Heiße Schwaden stiegen vom Feuer auf und streiften Juls' Gesicht, als er über den Bug des Schiffes schaute. Alle Kleider, selbst die auf den höchsten Pfosten im Hintergrund, dampften.

Der Wasserdampf und der Rauch vom Feuer stiegen senkrecht in einen dunkelblauen sternenklaren Himmel. Gerade ging der Mond auf. Er würde erst nach Sonnenaufgang wieder untergehen.

Die meisten Männer standen am Feuer, einige bewegten sich kaum und schienen mit offenen Augen zu schlafen, andere drehten sich langsam, als steckten sie am Spieß. Alle hatten etwas zu essen – Brot, getrocknetes Fleisch, gesalzenen Fisch – und tranken schäumendes Gerstenbier. Sydne wußte, daß es Gerstenbier war, weil auf Deck ein wenig verschüttet worden war und sie den Geruch kannte. Ein paar Schritte entfernt war eine Kochstelle eingerichtet worden. Dort wurde über einer breit angelegten Glut ein ganzes Schaf gebraten. Das müssen sie mitgenommen haben, als sie uns holten, dachte Juls. Das Schaf war in vier Teile geteilt worden. Fett tropfte in die Glut. Obwohl das Fleisch erst halb gar war, gingen schon Männer hinüber, schnitten mit ihren langen Messern verbranntes Fett von der Außenhaut ab und aßen es.

Als sie den ärgsten Hunger mit Schaffleisch, Bier, Brot und Fisch gestillt hatten, wurden ein paar Männer lustig. Auf der Landseite des großen Feuers spielte eine Gruppe zwischen den zum Trocknen aufgehängten Kleidern Fuchs und Jäger, mit dem Unterschied, daß es hier drei oder vier Jäger statt einem gab. Zwei Männer knieten nahe am Feuer und kämpften miteinander.

Überall hatten sich Gruppen von drei, vier oder fünf Männern gebildet, die laut schreiend und lachend miteinander rangelten.
Juls stand auf einer Kiste am Bug des Schiffes und sah alles. Er hoffte, niemand würde ihn beachten. Er versuchte herauszubekommen, wie man am besten in den Wald gelangte. Zugleich behielt er den Mann im Auge, den er geschlagen hatte und den er an dem Halstuch gut von den anderen Männern unterscheiden konnte. Juls wandte sich um, blickte auf Sydne hinunter und bat sie, sich neben ihn zu stellen, aber sie wollte nicht. Vielleicht schämte sie sich vor den vielen Männern. Sie saß an Deck und hielt ihre Schuhe über das Kohlenbecken. Sie würden sie wieder anziehen, sobald sie angetrocknet waren. Juls wandte sich wieder dem Strand zu.
Kronhengst und Thorolf standen etwas abseits am Strand und redeten miteinander. Juls kannte inzwischen Thorolfs Namen, den er ein paarmal gehört hatte. Juls hatte sich jedoch einen eigenen Namen für ihn ausgedacht: Graubraue. Die beiden Männer waren nackt, doch Kronhengst hielt seine gelben Handschuhe in der linken Hand. Nach einiger Zeit bückten sich die beiden, und Kronhengst zeichnete mit einem Finger eine Karte in den Sand, wobei er ununterbrochen redete. Dann stand er auf und verwischte die Karte mit dem Fuß. Juls vermutete, daß Thorolf-Graubraue ein Onkel oder ein älterer Vetter des Anführers war. Von Zeit zu Zeit legte er eine Hand auf Kronhengsts Schulter und blickte ihn mit der Miene eines weisen alten Mannes an. Die beiden sprachen lange miteinander. Dann starrten sie schweigend ins Feuer.
Die Hundemutter sprang auf die Kiste neben Juls. Sie

hatte einen Weg heraus gefunden. Sie legte ihre Pfoten auf die Reling und begann zu bellen. Juls konnte es ihr nicht verübeln. Das Fleisch duftete einfach herrlich. Er kniete nieder, damit man ihn nicht sah, und kraulte sie hinter den Ohren. «Keine Bange, du bekommst etwas. Sie werden dich schon nicht vergessen.»

Dann sprang er zu Sydne auf das Deck hinunter. Sie hatte zwei Welpen auf ihrem Schoß. «Sind die Schuhe bald trocken?» fragte er. Er hatte kalte Füße. Er setzte sich und hielt zunächst den einen, dann den anderen Schuh über das Kohlenbecken.

«Fast», sagte Sydne. «Ich drehe sie weiter. Wenn man sie zu schnell trocknet, brechen sie. Das Salz wird ihnen auch nicht guttun.»

«Ich trockne die Schuhe, wenn du uns was zu essen besorgst. Brot, alles, was wir mitnehmen und in den Wäldern essen können, vor allen Dingen Sachen, die wir nicht kochen müssen.»

Sydne tat, als hätte sie ihn nicht gehört.

«Brot», wiederholte er. «Sachen, die wir mitnehmen und im Wald essen können. Vielleicht haben sie ein Faß mit getrockneten Früchten.»

Sydne setzte die Welpen ab und stand auf.

«Sieh dich um», sagte Juls, der wußte, daß sie nicht mit dem Herzen dabei war. «Sieh zu, was du findest.»

Nachdem sie gegangen war, hielt er die Schuhe noch einen Augenblick über das Kohlenbecken, stieg dann aber wieder auf seinen Ausguck neben der Hundemutter. Das Fleisch brutzelte immer noch, und die Männer aßen, tranken, rangen und unterhielten sich. Er war plötzlich müde. Legten sich diese Menschen denn nie schlafen? Er versuchte, sich mit dem Gedanken an seinen Plan wachzuhalten. Zunächst würden alle Männer

ins Zelt gehen und sich schlafen legen. Zuvor würde noch einer von ihnen an Bord kommen und sie beide an Händen und Füßen fesseln. Dann würde er sie alleinlassen. Sie würden sich gegenseitig befreien, die Laufplanke hinuntergehen, den Strand überqueren und in den Wäldern verschwinden. Die Wikinger würden zu betrunken sein, um es zu merken.
Wenn die Wikinger das Schiff allerdings vom Ufer abstießen und weitab vom Ufer vor Anker gingen, wäre es schwieriger. Doch das glaubte Juls nicht, denn er sah keinen Anker. In diesem Fall müßten Sydne und er eine Holzkiste über Bord werfen, hinterherspringen, sich daran festhalten und an den Strand treiben lassen. Dann wären sie naß bis auf die Haut, und die Nacht war kalt. Aber es war immer noch besser, naß und frei zu sein als trocken und gefangen. In Italien sollte es ja Leute geben, die wie Seehunde oder Enten schwimmen konnten. Sie sprangen einfach in einen Fluß und überquerten ihn, indem sie Arme und Beine bewegten. Er hatte noch niemanden schwimmen sehen. Es war sicher nur ein Märchen.
Nach der Flucht würde es leicht sein, den Weg nach Hause zu finden. Sie müßten sich links halten und am Meer bleiben. Wenn sie an einen Fluß kämen, würden sie daran entlanggehen bis zu einer Ortschaft mit Booten oder bis zu einer schmalen Furt. Es gab nur eine Schwierigkeit – auf dem Weg zurück nach Osso Wisoff würden sie vier oder fünf verschiedene Gebiete durchqueren müssen, deren Herrscher auch versuchen würden, sie zu Sklaven zu machen. Zwei Dinge würden dabei für Sydne und Juls sprechen: zum einen waren sie Christen, was sie durch ihre Kreuze am Hals und die Gebete, die sie auswendig kannten, beweisen konnten;

zum anderen flohen sie vor den Wikingern, und die Wikinger waren für alle Küstenbewohner Feinde.
Aber auch wenn es so kommen sollte: es war immer noch besser, Sklave in England zu sein als im Lande der Wikinger.
Die Männer nahmen ihre Kleider jetzt von den Seilen und zogen sich an. Gerade als Juls sich umdrehen und nach den Schuhen sehen wollte, kam Kronhengst zum Bug des Schiffes und schaute zu ihm herauf. «Ihr zwei kommt an Land», sagte er.
Juls' Herz begann heftig zu klopfen. Er sprang hinunter, schob die Schuhe vom Kohlenbecken weg und ging zum Heck, um Sydne zu holen. Die Tasche ihres Überkleides war vollgestopft mit getrockneten Äpfeln. Auf dem Weg zur Laufplanke versteckte sie das Fensterchen hinter einem Faß und warf die Äpfel über Bord. Sie tat es ungern, es war eine Sünde, etwas Eßbares zu verschwenden, aber es war immer noch besser, als mit einer Tasche voll gestohlener Äpfel erwischt zu werden, was sicher hart bestraft würde.
Am Ende der Laufplanke hatten sie weiche Knie. Sie gingen zu Kronhengst hinüber. Er befahl ihnen niederzuknien. «Sklaven arbeiten, bis es dunkel ist», sagte er. «Und nach dem Dunkelwerden arbeiten sie wieder.»
Sie knieten nieder und schwiegen.
«Mitten im Sturm, als das Schiff hin und her schwankte, habt ihr euch bei den Hunden verkrochen. Ist es das, was Vater und Mutter euch beigebracht haben?»
«Wir wußten nicht, was wir tun sollten, Herr», sagte Juls. «Ein paar Männer haben uns von der Luke fortgeschickt. Wir hatten keine Arbeit mehr.»
«Also spieltet ihr mit den Hunden. War das alles? Sagt mir die Wahrheit.»

«Wir haben uns ein Rätsel ausgedacht», sagte Sydne.
Kronhengst schüttelte den Kopf und spuckte in den Sand. «Ihr sollt ringen. Ich will wissen, wer von euch der Stärkere ist.»
Juls verlagerte das Gewicht und wollte schon aufstehen. Kronhengst setzte seinen Fuß flach auf Juls' Brust und stieß ihn in den steinigen Sand. Dem Jungen brach am ganzen Körper der Schweiß aus. Er sah, wie sich Sydne zu ihm umwandte. Blankes Entsetzen stand in ihrem Gesicht. Er kam wieder auf die Knie.
Kronhengst sagte zu den Männern, die hinter ihm standen: «Der Knabe hat Muskeln, aber das Mädchen ist groß und hat lange Arme. Diese Fremden sind allemal Memmen, wenn es ums Kämpfen geht, also werden die Götter zu entscheiden haben, wer gewinnt.»
Er trat zurück. Sydne und Juls sahen sich an. Als sie jünger waren, hatten sie manchmal miteinander gekämpft, aber meistens nur zum Spaß. Sydne hatte dann zum Beispiel einen Korb mit Erdbeeren so hoch gehalten, daß Juls nicht herankam, oder er nahm ihr einen Schuh weg und lief damit fort. Jetzt aber sollten sie Ernst machen; jetzt sollten sie sich gegenseitig verletzen. Sie nahmen sich bei den Händen und begannen zu stoßen und zu ziehen. Dabei versuchten sie, es echt aussehen zu lassen. Schon bald fing Kronhengst an, sie zu treten; und nachdem sie beide ein paarmal getreten worden waren, wurde es ein echter Kampf. Sie wollten beide gewinnen, auch wenn sie wußten, daß sie sich am Ende voreinander schämen würden.
Dann war Sydne plötzlich neben dem Feuer über Juls. Die Hitze, die sie an den Beinen spürte, verriet ihr, daß der Rock fast bis zu den Knien hochgerutscht war. Wenn sie nicht aufhörte zu kämpfen, würde sie Anstand

und Ehre völlig verlieren. Sie ließ es zu, daß Juls sie vom Feuer wegstieß und gab ihm allmählich nach. Schließlich war er auf ihr und drückte ihre Schultern mit den Knien nach unten. Inzwischen war sie über den Sand gerutscht, und der Rock saß wieder da, wo er hingehörte.
Langsam ließ Juls von ihr ab. Naßgeschwitzt knieten sie nieder und senkten den Blick. Auf jedem bloßen Fleck ihres Körpers klebte Sand. Niemand spendete Beifall, und als sie aufschauten, stellten sie fest, daß niemand sie weiter beachtete. Kronhengst saß nicht weit von ihnen auf dem Boden und hatte die Beine von sich gestreckt. Sein Gesicht war trotz des Feuerscheins aschfahl. Er hatte die Augen geschlossen und atmete schwer. Es schien, als brauche er seine gesamte Kraft, um genug Luft in die Lungen zu pumpen. Lange saß er so da. Sydne und Juls blieben auf den Knien und fragten sich, wie lange sie wohl in dieser Haltung ausharren müßten. Einer der Männer brachte Kronhengst Bier, ein anderer kam mit einem Krug, in dem eine Flüssigkeit war, die wie Wasser aussah. Aber Kronhengst wollte nichts.
«Es wird vorbeigehen», sagte er schließlich. «Es geht schon.» Langsam erhob er sich, aber ohne Hilfe, und ging in das Zelt.
Thorolf kam zu Juls und Sydne. Er sah sie fast freundlich an. «Geht zurück auf das Schiff», sagte er. Sie standen auf und gingen.
Gerade als sie in der Mitte der Laufplanke standen, hörte Juls, wie jemand seinen Namen rief. Er blieb stehen und blickte zum Feuer hinüber. Wieder rief die Stimme «Fang!» Ein kleiner runder Stein flog auf ihn zu. Juls streckte eine Hand aus und versuchte ihn zu fangen, zog sie aber im letzten Augenblick zurück, so daß der

Stein an ihm vorüberflog. Als er auf dem Wasser auftraf, zischte er und zersprang. Der Mann, der ihn beim Namen gerufen hatte, fluchte. Juls ging mit weichen Knien das letzte Stück der Laufplanke hinauf. Ohne ein Wort zu sagen, folgte er Sydne in den hinteren Teil des Schiffes, wo sie sich neben den Achtersteven setzten.

Lange sagten sie kein Wort. Dann begann Juls, sich den Sand von Armen und Beinen zu reiben. «Tut mir leid, wenn ich dir wehgetan habe», sagte er.

«Mein Rock ist zerrissen.»

«Tut mir leid.»

«Es war nicht deine Schuld.» Sydne stand auf und schüttelte sich. «Ich wollte dich auch besiegen», sagte sie. «Ich wollte die Stärkere sein und dich so lange festhalten, bis er gesagt hätte, daß ich Siegerin sei. So etwas habe ich noch nie erlebt.»

«Du hättest es gekonnt.»

«Was?»

«Du hättest mich schlagen können.»

Sie setzte sich wieder und sah ihn an. «Du bist aber auch ganz schön stark.»

Er gab keine Antwort. So saßen sie schweigend nebeneinander. Sydne war dankbar dafür. Sie mußte nachdenken. Sie war wütend und schämte sich. Noch nie in ihrem Leben hatte sie gegen jemanden gekämpft, um andere Menschen zu unterhalten. Das war etwas, wozu manche Männer Tiere abrichteten – Hunde und Hähne. So etwas werde ich nie wieder tun, ganz gleich unter welchen Umständen, sagte sie zu sich, wußte aber, daß sie es sich nur vornehmen konnte. Sie schüttelte den Kopf.

Sie stand auf, ging in den vorderen Teil des Schiffes, stellte sich auf eine Kiste und blickte auf die Wikinger hinab. Sie waren jetzt alle ziemlich betrunken, und die meisten brüsteten sich mit ihrer Kraft. Sie brachen Äste entzwei oder bogen sie mit den Händen. Sie rangen miteinander, stießen sich in die Bäuche, schlugen aufeinander ein, um festzustellen, wer als erster aufgab. Überall wurde geprahlt – mit dem, was sie getan hatten, und dem, was sie noch tun würden; mit ihrem Können und ihrem Mut und ihrer Kraft. Sie versuchten, sich an Gefährlichkeit, Großzügigkeit und Treue gegenseitig zu überbieten. Immer wieder torkelte einer der Prahlhänse in die Dunkelheit hinaus, um sich zu übergeben, kam aber nach kurzer Zeit wieder und trank und prahlte noch ein wenig mehr.

Jetzt fehlt nur noch das Huhn von Osso Wisoff, dachte Sydne, das eine so gelungene Vorstellung gegeben hatte. Dieses kluge Tier wäre ein großer Erfolg bei diesen Männern, wenn es sich mit hängenden Flügeln so lange überschlug, bis es umfiel wie alle anderen auch. Noch besser wäre ein Hahn, der nach jeder Runde um das Feuer auf einen Felsen springen würde, um zu krähen. Sie blickte zum Himmel empor und begann zu beten.

Juls, der noch im hinteren Schiffsteil war, fuhr mit der Hand über die Schnitzereien im Achtersteven. Der ganze Pfosten war in Vierecke eingeteilt, und in jedes Viereck war eine Rune geschnitzt. In der Dunkelheit fühlten sich alle an wie eine Schlange oder ein Wurm in einer Schachtel. Er hatte eine Idee. Er wollte sich einen Nagel oder einen anderen spitzen Gegenstand suchen und für jedes Mitglied seiner Familie ein Bild in die Lederstulpen seines Überkleides ritzen. Das Kohlenbecken würde sicher genug Licht abgeben, bei dem er arbeiten könnte. Oder er könnte an Deck Reisigstücke

sammeln und im Kohlenbecken ein kleines Feuer anfachen, das hell genug wäre.
Er stand auf und ging zum Bug. Bald saß er mit Sydne neben dem Kohlenbecken an Deck. Sydne legte Holzstückchen auf, und er ritzte mit dem spitzen Ende eines Nagels Bilder in seine Stulpen. Er dachte, das erste Bild würde sie leicht erraten, aber sie kam nicht darauf.

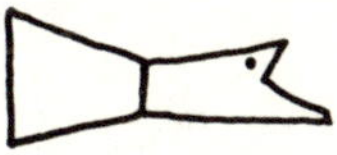

«Es ist unser Vetter Plog», sagte Juls. «Die linke Seite ist ein Pflug, die rechte ein Fisch, weil er Fische mit den Händen fängt.»
Sydne schaute ihn ungläubig an. «Das habe ich nicht gewußt. Bist du sicher?»
«Vater hat es mir erzählt», sagte Juls. Er ritzte schon das zweite Bild, das einfacher war.

«Es ist eine leere Schüssel», sagte Sydne.
«Es ist eine leere Goldschüssel. Es ist Tante Goldrun. Sie sagt immer wieder, daß sie am Ende des kommenden Jahres ein Kind haben wird, aber es stimmt nie.»
Juls fertigte noch ein Bild und zeigte es ihr.

«Das ist ein brennender Baum.»
«Richtig.»
«Onkel Brightwood?»
«Stimmt. Hier ist noch ein Onkel.»

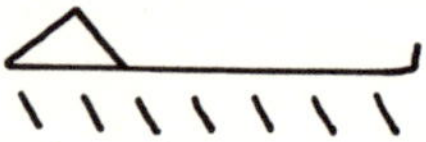

Sydne schüttelte den Kopf.
«Es ist Onkel Haylawn.»
«Was haben die Striche darunter zu bedeuten?»
«Gras.»
«Oh.»
«Es macht nichts, wenn du es nicht erraten hast. Jetzt weißt du es und wirst dich daran erinnern», sagte Juls, und Sydne stimmte ihm zu.
Juls arbeitete, bis sich die ersten Anzeichen des heraufziehenden Tages am Himmel zeigten. Sie hoben den Kopf und lauschten. Nichts war zu hören außer den Wellen, die zwischen den Steinen am Ufer ausrollten. Wenn überhaupt, dann war jetzt die Zeit für ihre Flucht gekommen. Juls stand auf und sah zur Laufplanke hinüber. Der Mann mit dem Halstuch saß dort und grinste breit.

In Linkøbing war es noch früh am Morgen. Herjolt war allein in dem Waldstück jenseits des alten Friedhofs. Er hielt einen Speer in der Hand, fünf weitere lagen auf dem Boden. Der Speer war seine Lieblingswaffe; die Waffe, mit der er am besten umgehen konnte. Er hatte sich sechs Bäume als Ziele ausgesucht, die alle unterschiedlich weit weg standen. Er wollte so lange im Wald bleiben und üben, bis er sie alle sechs mühelos treffen konnte, oder bis zum Einbruch der Dunkelheit. Er stellte sich in jedem Baum seinen Bruder vor.

Die Sonne war gerade aufgegangen. Das Zelt war abgebaut und an Bord des *Fliegenden Drachen* gebracht worden. Vom großen Feuer am Strand waren nur noch graue Asche und glimmende Kohlen übriggeblieben, die aber immer noch so viel Hitze ausstrahlten, daß die Wikinger sich in gebührendem Abstand davon aufhielten. Sie hatten bereits gefrühstückt – Hafergrütze mit Honig. Sydne und Juls hatten auch etwas bekommen, allerdings ohne Honig. Die Flut hatte ihren Höhepunkt erreicht, und die Ebbe setzte ein. Doch Kronhengst behielt seine Leute noch am Strand. Er begann in kurzen Sätzen zu reden. Sobald er ein paar Worte gesprochen hatte, mußte er Atem schöpfen. Seine Stimme klang wie das Knurren eines Hundes. Sydne und Juls saßen im Bug des Schiffes an Deck und hörten zu. Vom Strand aus konnte man sie nicht sehen.
Kronhengst begann seine Rede mit einem Loblied auf das Schiff, das sein Vater gebaut hatte. Er sprach darüber, wie ein Mann über seine Frau sprechen würde – das Schiff sei schnell, stark, schön, klug, treu und werde nie alt. Nach dem Schiff pries er seine Männer, beginnend mit Thorolf. Er nannte sie alle beim Namen, und

wußte von jedem einzelnen eine besondere Tat hervorzuheben. Die meisten hatten offensichtlich Spitznamen, die er wiederholt benutzte.
Er pries ihre Waffen, die er «Blutsauger» und «Herztreffer» nannte. Sie hätten sich ruhmreich geschlagen und würden wohl ewig besungen werden.
Dann begann er, mit seiner eigenen Größe zu prahlen. Er sei für ein langes und ruhmreiches Leben auf die Welt gekommen. Er habe Feuersbrünste, Unwetter und Schwerthiebe überlebt, so daß er mehr Ruhm erlangen könne als jeder andere. Er habe seine treue Schar über das Meer geführt zu fetter Beute. Er habe Gold auf den *Fliegenden Drachen* regnen lassen. Wo immer er auch eine Küste betreten habe, seien dem Land Juwelen, Fleisch, gute Waffen und süße Speisen im Überfluß entströmt. Er sei Herr über die Meere, und kein Sturm könne ihm etwas anhaben. Und würden denn nicht alle Menschen bei seinem Namen entweder zittern oder sein Lob singen und bekennen, daß er Herr über Wasser und Land sei?
Ja, riefen ein paar Männer zustimmend.
Dann herrschte Schweigen. Kronhengst fuhr fort: «Heute macht sich der *Fliegende Drache* auf den Weg nach Hause. Und was werden wir antreffen, wenn wir dort ankommen? Zunächst einmal unsere Höfe und Häuser, aber auch Brüder, Schwestern, Frauen und Kinder, Väter und Mütter. Sie alle werden an den Strand kommen und mich für meinen tapferen Beutezug loben und dafür, daß ich euch heimgebracht habe.»
Einer der Männer, er hörte sich an wie Thorolf-Graubraue, sprach für alle und sagte, daß kein Schiff jemals einen so hervorragenden Steuermann gehabt hätte wie der *Fliegende Drache*.

«Dann hört, was ich euch zu sagen habe», sagte Kronhengst. «Mein Vater, der dieses ruhmreiche Schiff, das die Meere zerteilt, hat bauen lassen, ist ein kranker alter Mann. Wenn er bei unserer Heimkehr schon tot sein sollte, werden wir an Land eilen und meinen Bruder Herjolt mitsamt seinem geistesschwachen Sohn töten. Mein Vater hat immer großzügig Geschenke verteilt und mit seinen Getreuen Feste gefeiert. Auch ich werde mit euch feiern, und ihr werdet feststellen, daß ich ebenso großzügig sein kann. Jeder, der sich nicht mit mir gegen meinen Bruder stellen will, wird hier mit Nahrung, Waffen und Werkzeugen versorgt zurückgelassen, und ich schwöre, daß ich ihm ein treues Andenken bewahren werde.»
Sofort meldete sich Thorolf-Graubraue zu Wort. «Ich folge Kronhengst, unserem Herrn», sagte er, und einen Augenblick später wiederholten alle dieselben Worte, ein oder zwei Männer jubelten sogar.
Dann vernahmen Sydne und Juls das Geräusch von Schritten auf der Laufplanke. Die Mannschaft kam an Bord. Die beiden ersten Männer trugen den Drachenkopf. Dann kam der Rest der Mannschaft, zuletzt Kronhengst mit Thorolf-Graubraue. Kronhengst kam langsam über die Laufplanke, aber als er über das Deck auf den Ruderstock zuging, machte er den Eindruck, als könnte er den *Fliegenden Drachen* auf seinen Schultern nach Hause tragen, wenn er wollte. Sofort begann er, Befehle zu erteilen.
Die Rudergänger zogen das Schiff vom Strand, das Segel wurde gehißt, das Schiff gewendet, und sie segelten mit hoher Geschwindigkeit am Ufer entlang nach Norden. Sydne und Juls mußten arbeiten. Sie mußten das Deck säubern und Kleidungsstücke und andere Sachen zum

Trocknen auslegen. Als sie fertig waren, erhielten sie von Thorolf den Auftrag, im hinteren Teil des Schiffes Seile zu drehen. Ein etwa Fünfzehnjähriger zeigte ihnen, wie man es machte, und Thorolf befahl ihnen, so lange zu arbeiten, bis es dunkel war.

Am Nachmittag schlug das Schiff einen nordöstlichen Kurs ein, und noch vor Sonnenuntergang war die englische Küste hinter ihnen verschwunden. Bei Einbruch der Nacht waren nur noch Meer und Himmel zu sehen. Der Wind blies stetig, und das Meer war ruhig. Der *Fliegende Drache* fuhr mit leisem Zischen über das Wasser und ließ eine gerade, helle Spur hinter sich zurück. So sehr sie es auch verabscheute, hier an Bord dieses Schiffes zu sein, und so groß ihre Angst auch war – Sydne begann zu verstehen, warum die Wikinger die Seefahrt liebten.

Kurz nach Einbruch der Dunkelheit führte Thorolf sie zum Bug und gab ihnen zwei Decken für die Nacht. Sie waren ihm dankbar, sie waren müde und froren. Als sie es sich auf den Kisten bequem gemacht hatten, sagte Juls zu Sydne, er habe den Eindruck, Thorolf sei vielleicht ein guter Mann. Sie zog sich die Decke über die Ohren und antwortete ihm nicht.

Juls wartete eine Weile. «Meinst du nicht?»

Sydne atmete tief ein und langsam wieder aus. «Ich weiß es nicht.»

«Ich hätte lieber mit ihm als mit Brand zu tun», sagte Juls.

«Wer ist Brand?»

«Der Mann, den ich verbrannt habe. Der letzte Nacht den Stein geworfen hat. Ich habe heute gehört, wie ihn jemand so gerufen hat. Mit dem hätte ich nicht gern zu tun.»

Sydne drehte sich auf die Seite.
Juls hob die Schultern. Sydne hatte ja recht. Es hatte keinen Sinn, darüber zu reden, wer wohl gut sein mochte. Er legte sich hin und zog sich die Decke über.
«Gibst du mir mal das Fensterchen? Ich möchte es mir gern ansehen.»
Wortlos reichte Sydne es ihm. Im stillen betete sie für Juls, für Vater und Mutter, für ihre Sippe, Osso Wisoff und seine Umgebung, für die ganze Welt. «Und segne die Männer auf diesem Schiff, und die Hunde», sagte sie noch, bevor sie einschlief. «Im Namen Christi, unseres Herrn. Amen. Und rette uns und bring uns nach Hause, so es dein Wille ist.»
Mitten in der Nacht wachte sie auf und sah zum Heck hinüber. An manchen Stellen hatte man brennende Kohlenbecken aufgestellt; eins stand neben dem Ruderstock, zwei auf der anderen Seite des Masts am Heck und zwei neben dem großen Webstuhl. Um jedes Bekken hatte sich eine Gruppe Männer versammelt, die miteinander redeten und spielten oder vor sich hin dösten. Auch wenn Sydne zu weit entfernt war, um ihre Wärme spüren zu können, tat es gut, die Kohlenbecken zu sehen. Über dem einen oder anderen flackerte hin und wieder eine blaue Flamme, wie ein ferner Blitz im Sommer. Diese Männer hatten sie zu Sklaven gemacht, sie waren die bösen Wikinger, aber sie spürte keine Verbitterung, wenn sie sah, wie sie sich aufwärmten. Oder hätte auch nur ein Mensch auf dieser Welt einen Nutzen davon, wenn diese Männer die Nacht in Kälte und unbequemer Haltung verbringen müßten?
Sie bemerkte, daß ihre Füße eiskalt waren und zog sie ein wenig an. Sie schloß die Augen und schlief wieder ein.

Kurze Zeit später wachte auch Juls auf. Er nahm das Fensterchen aus seinem Überkleid, rollte sich auf den Rücken und betrachtete den Mond durch das blaue Glas. Es war, als fange es den Mond ein und halte ihn fest. Man konnte fast glauben, daß der Mond, wenn man das Glas plötzlich wegstecken würde – zum Beispiel unter Felle oder hinter einen Stein –, daß dann der Mond im Glas bleiben würde – derselbe Mond, den seine Mutter und sein Vater jede Nacht sahen, der Mond, der über England schien.
Er steckte den Lederbeutel in sein Überkleid, legte sich wieder hin und dachte an das Herrenhaus in Osso Wisoff – an Guthlac, der ein gerechter Mann war, an Bretwith, seine wunderbare Frau, die Brot und Honig mit allen teilte. Guter Guthlac, der Herr möge ihn behüten, der den Sklaven die Gunst erwiesen hatte, ihnen ein Gesetz zu geben, ein hartes zwar, aber ein unveränderliches und klares Gesetz; der es nicht gestatten würde, daß Sklaven an Sonn- oder Feiertagen arbeiteten; der jeden vor Gericht stellen würde, der einen Sklaven ohne Grund tötete oder zum Krüppel schlug.
Juls schlief ein.
Am nächsten Morgen wachten die Geschwister fast zur gleichen Zeit auf. Sie legten ihre Decken zusammen, gingen zum Heck und begannen wieder an den Seilen zu arbeiten. Immer noch war kein Land in Sicht, nicht einmal Vögel am Horizont. Das Schiff fuhr schnell. Soweit sie es beurteilen konnten, hatte Kronhengst die ganze Nacht über am Steuerruder gestanden.
Eine Weile, nachdem kalte Hafergrütze herumgereicht worden war, tauchte Land auf. Kronhengst ging zum Bug, stieg auf die Kisten, lehnte hinaus und besah sich die Küste. Thorolf stellte sich hinter ihn und schaute in

dieselbe Richtung. Nach kurzer Zeit deutete er auf eine Stelle, die er erkannte. Sydne und Juls sahen nur eine schmale Linie am Horizont, aber Thorolfs Geste ließ ihre Herzen vor Aufregung und Furcht schneller schlagen. Dann wurde es windstill. Der eben noch kräftige Wind ließ plötzlich nach. Das Segel hing schlaff vom Querbalken herunter, Wellen klatschten zu beiden Seiten gegen den Rumpf, und das Heck schwenkte langsam nach links. Kronhengst befahl zu rudern. Ein Trommler schlug einen langsamen Takt – ein Schlag zu Beginn eines Ruderschlages, ein doppelter Schlag, wenn die Ruder gehoben und zurückgezogen wurden, wieder ein Schlag, wenn die Ruder eingetaucht und durchgezogen wurden. Nachdem die Rudergänger eine Weile gearbeitet hatten, schickte Kronhengst einen Mann mit zwei ledernen Wasserschläuchen zu Juls und Sydne. Sie sollten auf und ab gehen und jedem zu trinken geben, der danach verlangte. Niemand trank etwas. Von Zeit zu Zeit übergab ein Mann sein Ruder an einen anderen. Dieser Wechsel war schwierig auszuführen, da die Ruder immer in Bewegung bleiben mußten. Erschwert wurde er noch dadurch, daß jeder Mann seine eigene Seekiste hatte, auf der niemand außer ihm sitzen durfte. Also mußte der erste Ruderer aufstehen, seine Seekiste wegschieben, den neuen Mann an seine Stelle rücken lassen und ihm das Ruder übergeben, während sie die ganze Zeit über im Takt der Trommel ruderten.

Auch in Linkøbing herrschte Windstille. Zwei Tage lang hatte der Wind vom Meer her geweht. Jetzt hofften alle, daß er beidrehen und aus entgegengesetzter Richtung kommen würde. Dann könnte das Begräbnisschiff angezündet werden, der Rauch würde aufs Meer hinaustreiben, und die Seele ihres verstorbenen Stammesführers mit sich in den Himmel tragen. Ungeduldig warteten die Menschen auf das Feuer und das Trauermahl, bei dem sie freies Essen und Honigwein bekommen würden. Sie hatten lange genug warten müssen. Das Begräbnis eines wichtigen Mannes durfte nicht übereilt oder gegen die Regeln durchgeführt werden, aber es sollte auch nicht verzögert werden.

Der *Wütende Schwan* bot ein herrliches Bild dort am Strand. Man hatte goldene und leuchtend rote Vorhänge um den Mast geschlungen. Frisch bemalte Schilde hingen über den Ruderöffnungen, und der Schwanenkopf ragte hell und stolz über dem Bug auf. An Deck waren Tische aufgebaut, die mit herzhaftem Fleisch und köstlichem Fruchtmus gedeckt waren – ein Festessen für die Götter. Um das Totenlager herum, das mit Vorhängen abgeschirmt wurde, waren die wertvollsten Schätze des Toten aufgebaut. Nichts war zurückbehalten worden.

Der Wind setzte wieder ein, diesmal aus der richtigen Richtung. Zunächst wehte er so leicht, daß ihn die meisten nicht einmal spürten, dann wurde er stärker. Es war kein starker Wind, aber er blies stetig. Herjolt, der bei den Fünf Weisen stand, zog die zweitbeste Robe seines Vaters an – die beste lag zusammengefaltet zu Füßen seines Vaters –, ging zum Schiff und umrundete es langsam dreimal, wobei er mit lauter Stimme die großen Taten seines Vaters würdigte. Danach zog er sich aus, ging zum Wasser und wusch sich dreimal. Anschließend nahm er eine Fackel, ging unter den Rumpf des *Wütenden Schwans* und steckte das dort aufgeschichtete und in Fett getränkte Holz in Brand.

Als das Feuer brannte, zog er das Festkleid wieder an, begab sich zu den Männern am Strand und grüßte jeden einzelnen von ihnen. Sie streckten ihm die Arme mit zusammengepreßten Fäusten entgegen. Er ergriff die Fäuste mit den Händen und küßte sie, wobei er den Männern in die Augen sah. Das waren die Männer, die für ihn gegen seinen Bruder kämpfen würden, wenn es dazu käme. Dann würde sich herausstellen, was ihre Mut- und Treueschwüre wert waren. Er küßte die Hände von einhundertelf Männern. Nur einen berührte er nicht – seinen Sohn Thyri, der ihm folgte, bis der älteste der Fünf Weisen ihn festhielt und ihn aufforderte, sich in den Sand zu setzen, bis es Zeit sei zu essen. Sein Vater beachtete ihn nicht. Er blickte nicht einmal in seine Richtung.

Einhundertelf Männer. Das war mehr als doppelt soviel wie Kronhengst an Bord des *Fliegenden Drachen* hatte, aber Kronhengsts Männer waren die stärksten und besten Männer von Linkøbing.

Nachdem er seinen Rundgang unter den Männern beendet hatte, ging Herjolt wieder zu den Fünf Weisen und sah dem Feuer zu. Eine Mischung aus grauem Dampf und schwarzem Pechrauch drang durch die Planken des Rumpfs. Das Schiff sah aus wie ein gewaltiger Suppentopf auf einer riesigen Feuerstelle. Fast hatte es den Anschein, als wolle es das Feuer erdrücken. Dann, nachdem sich immer mehr Rauch entwickelt hatte, brach das Schiff vom Bug bis zum Heck unter lautem Zischen in Flammen aus. Alles fing Feuer – das Deck, die Tische, der Mast, der Rumpf, das Segel. Das Feuer erfüllte die Luft, und vor der plötzlichen Hitze wichen die Anwesenden zunächst ein paar Schritte zurück. Bald hatte sich das Schiff mit seinem Inhalt in Rauch aufgelöst und wurde in den Himmel getragen.

Herjolt und der älteste der Fünf Weisen gingen am Ufer

entlang und sprachen über die Zukunft. Der alte Mann riet ihm, Thorolf zu töten, aber Herjolt war dagegen. «Es wird mir keinen guten Ruf einbringen, wenn ich auch meinen Onkel töte», sagte er. «Unsere Nachfahren werden sagen, daß ich vor zu vielen Dingen Angst hatte, und man wird sich über mich lustig machen.»
Der alte Mann zuckte mit den Schultern und blickte zum Himmel auf. «Ihr seid der Stammesführer von Linkøbing», sagte er. Dann nannte er drei Männer, deren Söhne gut mit dem Speer umgehen konnten und die geeignet waren, in der ersten Reihe neben ihm zu stehen, wenn Kronhengst sich gegen ihn stellen würde, um ihn zu töten.
Herjolt nickte, aber er dachte immer noch über Thorolf nach. «Ich glaube, Thorolf wird mir die Treue halten», sagte er. «Er wird alt. Warum sollte er seinen kahlen Kopf riskieren, um meinem Bruder zur Herrschaft zu verhelfen? Ich glaube es nicht.»
«Herr», sagte der alte Mann. «Alter schützt einen Mann nicht vor Ehrgeiz. Man kann mit fünfzig noch genauso untreu sein wie mit zwanzig. Und wenn Euer Bruder erst einmal tot ist, kann Euer Onkel immer noch habgierig sein.»
Herjolt legte eine Hand auf den Arm des Alten. «Ich weiß, daß Ihr die Wahrheit über Thorolf sagt, aber ich glaube, ich kann ihn überleben. Nicht weil er älter ist und früher sterben wird – auch er könnte mich überleben –, sondern weil sein Wille, die Herrschaft zu übernehmen, viel stärker ist als mein Wille, sie zu behalten. Er wird sich lächerlich machen. Wenn ich ihn tötete, würde ich mich zum Gespött machen. Er soll selbst in Ungnade fallen. Das sage ich Euch im Vertrauen.»
«Ihr ehrt mich», sagte der Alte.

Die frische Brise aus Osten schob den *Fliegenden Drachen* die Küste entlang nach Norden. Kronhengst sah den Rauch, der vom *Wütenden Schwan* aufstieg. Er wußte, was das bedeutete. Sein Vater war tot. Gerade zum rechten Zeitpunkt. In Linkøbing würde Verwirrung, Trauer und Trunkenheit herrschen – eine ausgezeichnete Gelegenheit zum Töten. Wenn das Schicksal nicht gegen ihn war, würde er schon bei Sonnenuntergang die Herrschaft übernommen haben. Dann konnte auch er seinen Teil trinken und eine ganze Nacht durchschlafen. Nach Schlaf verlangte es ihn inzwischen beinah ebensosehr wie nach der Herrschaft. Er blickte auf die Hunde hinunter, die zu seinen Füßen spielten und ihn anstießen. Vor allem die Hundemutter war aufgeregt. Er fragte sic, ob sie Land wittere. Sie wedelte mit dem Schwanz. Er trat nach ihr, aber auf freundschaftliche Art, und sie bellte ihn an.

Der Wind drehte immer weiter auf Nord und verlangsamte die Fahrt des *Fliegenden Drachen*, da sie kreuzen mußten.

Es nahm den ganzen Morgen und den halben Nachmittag in Anspruch, bis sie das letzte Stück bis zur Einfahrt in den Fjord zurückgelegt hatten. Kronhengst segelte absichtlich daran vorbei, legte das Ruder dann hart herum und kam so vor den Wind, daß das Schiff mit hoher Geschwindigkeit in den Fjord einlaufen konnte. Er rechnete nicht damit, daß Herjolt ihm auf den Felsen einen Hinterhalt gestellt hatte, aber er wollte nicht leichtsinnig handeln.

Als das Schiff wendete, hielten Juls und Sydne in ihrer Arbeit an den Seilen inne und blickten nach vorn. Linker Hand sahen sie auf einem Felsen an der Einfahrt zum Fjord einen Wächter. Er hatte einen Speer in der

Hand und kniete abwartend nieder. Hinter ihm stand sein Pferd und zupfte an einem Grasbüschel. Kronhengst forderte Thorolf auf, das Steuerruder zu übernehmen und ging zum Bug. Auf dem Weg dorthin ergriff er einen Speer. Er kletterte auf eine Kiste hinter dem Drachenkopf und wartete. Das Schiff war jetzt keine hundert Schritte mehr von der Einfahrt zum Fjord entfernt.
Plötzlich drehte Kronhengst sich um. Überraschung spiegelte sich auf seinem Gesicht, als habe er gerade etwas Unerwartetes erblickt. Er setzte sich und neigte den Kopf wie jemand, der ein langes Rennen hinter sich hat und nach Atem ringt. Das Schiff lief in den Fjord ein. Der Wächter blickte hinunter und zählte an seinen Fingern die Männer an Bord ab. Kronhengst begann, sich die Handschuhe abzustreifen, als wolle er seine Hände trocknen. Er hatte den linken schon ausgezogen und wischte sich über die Augen. Dann fiel er wie ein Stein auf das Deck.
Alle, die es gesehen hatten, wußten, daß er tot war.

Sydne saß noch lange, nachdem Kronhengst zu Boden gefallen war, regungslos an Deck. In der Hand hielt sie noch ein Seilende. Sie fühlte sich schwach und leer. Die Hände waren taub. Wie konnte der Mann tot sein? Es war unmöglich. Er war der tatkräftigste Mann an Bord gewesen. Er war derjenige, der das Schiff in Gang hielt, der es im Sturm vor dem Untergang bewahrte, der es an Land brachte und der befahl, wieder abzulegen. Es konnte einfach nicht sein, daß er tot war. Oder passierten solche Dinge,

wenn sich die Menschen dem Lande der Wikinger näherten?
Der *Fliegende Drache* machte kaum Fahrt. Auf jeder Seite waren zwei Ruder ausgelegt worden, die verhindern sollten, daß das Schiff auf die Felsen im Fjord zutrieb, aber man benötigte sie nicht. Vor dem Mast war aus Kisten eine Plattform errichtet worden, auf die man Kronhengst gelegt hatte. Zwei Männer zogen ihm das lange, gepanzerte Überkleid an und setzten ihm den Helm auf. Ein anderer Mann brachte die roten Kampfhandschuhe und streifte sie Kronhengst über. Ein Teil der Mannschaft zog Kisten und Fässer aus den Luken und suchte die besten Sachen heraus, die man um den Leichnam herum aufbauen wollte. Es sah aus, als würde das Schiff von der eigenen Mannschaft geplündert.
Juls stand langsam auf und betrachtete den Fjord. Es war eine große Meeresbucht, die fast vollständig von Felswänden umgeben war. Es herrschte Totenstille. Das ruhige tiefe Wasser hatte eine blaue Färbung, viel dunkler zwar als ihr Glasfenster, aber genauso klar. Die glatten grauen Wände ragten hoch auf. Juls hatte das Gefühl, durch einen riesigen Steinbrunnen zu gleiten. Er konnte sechs oder sieben Meilen voraus die Stelle erkennen, an der der Fjord eine Biegung nach rechts machte. Bis dahin erhoben sich rechts und links nur zwei- bis dreihundert Fuß hohe, nackte Felswände.
Er sah zu Sydne hinunter. «Wenn man hier etwas ins Wasser fallen ließe, würde es lange dauern, bis es auf dem Grund ankäme», sagte er ruhig. «Ich wette, es ist eine Meile tief. Wenn nicht tiefer.»
Sydne dachte nicht an den Fjord. «Ich kann es nicht

glauben, daß er tot ist», sagte sie. «Ich habe immer wieder versucht, für seine Seele zu beten, und ich kann nicht einmal glauben, daß er tot ist.»
Juls sah sich an Deck um. Alle Luken waren jetzt geöffnet, und Berge von Gold, Waffen und Nahrungsmitteln wurden um Kronhengst herum angehäuft. Zwei Männer versuchten, Ordnung in das Durcheinander zu bringen. Jetzt befahl Thorolf der Mannschaft vom Steuerruder aus, nichts mehr zu bringen. Überall lagen Kisten, Fässer und wasserdichte Behälter herum, als sei der gesamte Inhalt des Schiffsbauches aus den Luken gequollen.
Juls stellte überrascht fest, daß ein großer Teil der Beute aus Nahrungsmitteln bestand. Sein Blick fiel auf einen Tonkrug mit getrockneten Früchten auf der anderen Seite des Decks. Er ging hinüber und nahm sich ohne Zögern eine Handvoll heraus, als habe ihn jemand beauftragt. Niemand beachtete ihn. Er kehrte zurück, setzte sich neben Sydne und ließ mehr als die Hälfte der Früchte in ihren Schoß fallen. Sie zog die Knie an, daß niemand sie sehen konnte, und blickte Juls unter halb geschlossenen Lidern an. Sie war verärgert und ängstlich. «Das darfst du nicht», sagte sie. «Wenn dich jemand gesehen hätte, würdest du dafür getötet.»
Juls schüttelte den Kopf. «Sie haben zu tun.»
Sydne war nicht einverstanden. «So etwas kannst du nicht machen. Es ist zu gefährlich.»
Juls sagte nichts und aß die Früchte.
«Heute ist Donnerstag», sagte Sydne, als sie fertig waren. «Heute hätten wir in Glen Woping das Stück *Des Bauern neue Frau* aufgeführt.»
«Es kann noch nicht Donnerstag sein», sagte Juls. Er rechnete zurück. Gestern und in der vergangenen Nacht

hatten sie das Meer überquert, vorgestern waren sie durch den Sturm gefahren und in der Nacht davor waren sie entführt worden, und das war der zweite Ostertag gewesen. Sydne hatte recht. Es war Donnerstag. Er dachte an das Stück *Des Bauern neue Frau*, bei dem die Menschen immer lachen mußten und rot wurden. Er spielte den alten Bauern. Sydne war die kluge Kuh, ihre Mutter hatte die Rolle der jungen Frau übernommen, und ihr Vater war der Fremde, der versuchte, die Frau von ihrem dummen Mann wegzulocken. Es war eine lustige Geschichte. Am Ende des Stückes stieß Sydne als Kuh den Liebhaber in einen Brunnen. Wenn die Leute bis dahin noch nicht gelacht hatten – an dieser Stelle lachten sie immer.

Thorolf stieg auf ein Faß zu Füßen des Toten und setzte zu einer Rede an. Alle Gespräche verstummten. Während er sprach, sah Thorolf alle Männer der Reihe nach an. Mit lauter Stimme pries er Kronhengst. Er nannte die Orte, an denen er gewesen war, die Männer, die er getötet hatte, und lobte seinen Mut und seine Großzügigkeit. Seine Rede war kurz, und als er zum Ende kam, ließ er seine stechenden Augen, die unter den buschigen Augenbrauen fast schwarz aussahen, über das Schiff gleiten. «Seht», sagte er. «Schaut alle her. Keiner von euch wird meinen Augen entgehen, wenn die Zeit reif ist für Blut.» Juls sah sich die Männer an, als sie wieder an ihre Arbeit gingen. Sie sahen so aus, als hätte Kronhengsts Tod sie um Jahre altern lassen.

Eine leichte Brise wehte ihnen entgegen. Sie schoben alle Ruder hinaus, für die noch Platz war. Der Trommler schlug einen langsamen Takt. Der *Fliegende Drache* setzte sich wieder in Bewegung.

Als sie die Stelle erreichten, an der der Fjord eine Biegung nach rechts machte, rief Thorolf Sydne und Juls zu sich, ließ sie von einem Mann mit einem Besen abbürsten und forderte sie auf, sich jeweils rechts und links auf eine Kiste neben den Leichnam zu stellen. Sydne war es peinlich, sich mit den langen, wirren Haaren in aller Öffentlichkeit aufstellen zu müssen. Sie fragte den Mann mit dem Besen, ob er eine Haarbürste habe. Er brachte ihr einen anderen Besen, dessen Griff abgebrochen war. Sie hatte sich noch nie mit einem Besen die Haare gebürstet, aber er war einigermaßen sauber, so daß sie ihn benutzen konnte.
Als sie ihn dem Mann zurückgab, sah sie an der Markierung des Griffes, daß er aus dem Herrenhaus von Osso Wisoff stammte. Da war sie froh, daß sie ihn nicht abgelehnt hatte. Der Mann, der den Besen gebracht hatte, wollte schon fortgehen, drehte sich dann aber noch einmal um. Er hatte das Kreuz gesehen, das sie an einer Kette um den Hals trug. Er streckte seine Hand danach aus.
«Es ist nur angemaltes Holz», sagte sie.
Er ließ seine Hand ausgestreckt. Sie konnte sich ihm nicht widersetzen. Sie nahm das Kreuz ab und gab es ihm. Er legte es auf die Brust des Leichnams, wo bereits zwei andere Kreuze neben zwei Sternen und einer Messingfigur mit dem Körper einer Ziege und dem Kopf einer Frau lagen. Der Mann, der Sydne das Kreuz abgenommen hatte, ging zu Juls, stieg neben ihm auf die Kiste und langte wortlos in seine Tasche, zog das Glasfensterchen heraus und nahm ihm das Kreuz vom Hals. Beides warf er in ein offenes Faß.
Einer der Männer brachte die Hündin, die jetzt ein breites Halsband aus rotem Leder trug, und band sie an

Kronhengsts Füßen fest. Sie mochte das Halsband nicht und versuchte immer wieder, ihren Kopf herauszuziehen, aber es saß zu fest. Schließlich gab sie auf und legte sich hin.

Die Siedlung kam in Sicht. Sie sah klein, gedrungen und schmutzig aus. Hütten, Schuppen und Scheunen bildeten einen zum Wasser hin offenen Halbkreis. Dahinter konnten sie eine zweite Reihe sehen – mehr nicht. Sydne fragte sich, ob es auf dem Hügel hinter diesen Gebäuden wohl noch einen größeren und schöneren Ort gab. Aber dann erblickte sie den Erdwall, der den Ort zur Landseite hin umgab, und kam zu dem Schluß, daß ganz Linkøbing vor ihr lag.

Juls blickte zu ihr herüber. «Das da in der Mitte muß das Herrenhaus sein», murmelte er. «Sieht aus wie Guthlacs alte Scheune.» Es war ein gedrungenes Gebäude mit einem Strohdach, das in der Mitte ein wenig eingesunken war. Die Eingangstür in der Vorderseite war schmal und niedrig. «Der ganze Ort sieht wie ein einziger Scheunenhof aus», sagte er.

Eine Gruppe von sechs Männern stand zwischen dem Gemeinschaftshaus und dem Ufer. Fünf waren alt und hatten weißes Haar. Der sechste trug einen Speer und Handschuhe. Obwohl er ein wenig aufgedunsen war, sah er stark und wendig aus. Als das Schiff noch etwa zehn Schiffslängen vom Ufer entfernt war, steuerte Thorolf es nach links, und als es sich der Stelle näherte, an der der Erdwall in den Fjord ragte, wendete er es schnell nach rechts, so daß es nahe am Ufer entlangglitt. Zwei Männer holten den Drachenkopf herunter und legten ihn auf Deck. Thorolf befahl, die hinteren Ruder ins Wasser zu senken, um die Fahrt abzubremsen. Das Schiff hielt fast genau vor der Landestelle, wo Herjolt

und die Fünf Weisen standen. Juls lächelte. Selbst Kronhengst hätte es nicht besser gekonnt.
Thorolf ließ das Steuerruder los und stellte sich neben die Hündin zu Füßen von Kronhengst. «Mein Herr und Neffe», sagte er. «Euer Bruder ist tot.»
Herjolt rührte sich nicht. Er hatte den Speer inzwischen geschultert und beobachtete seinen Bruder, als rechnete er damit, daß er aufspringen würde.
Thorolf ließ ihn eine Weile sprachlos staunen. Dann fuhr er fort: «Auch andere haben auf unserer Reise den Tod gefunden. Gnuppa, Hardrada und Asbyrna. Sie starben mit stolzem Herzen, wie auch Euer Bruder, obwohl es ihn eher überraschte als die anderen.»
«Mein Wächter hat mir berichtet, daß er umfiel», sagte Herjolt. Wieder trat Schweigen ein. Außer einem Seil, das gegen den Mast schlug, und dem Gluckern des Wassers unter dem Rumpf war kein Laut zu hören.
«Erlaubt mir, ihn an Land zu bringen, Herr. Er erlitt einen plötzlichen Schlag und war tot, noch ehe er die Schiffsplanken berührte.»
«Laßt ihn von vier Männern an Land bringen. Die anderen bleiben an Bord des *Fliegenden Drachen*, bis Ihr mit mir im Gemeinschaftshaus seid.»
Thorolf ging zurück zum Steuerruder. Das Schiff wurde an Land gerudert. Als es nahe genug war, erteilte Herjolt den Befehl, die breite Laufplanke anzulegen, und die Leiche Kronhengsts wurde langsam von Bord getragen.
Jetzt erst schien Herjolt davon überzeugt, daß sein Bruder wirklich tot war – daß es keine Falle war. Er ging zu Thorolf, begrüßte ihn in aller Form und nannte ihn seinen «guten Onkel». Sie gingen vor der Leiche her zum Gemeinschaftshaus. Sobald sie verschwunden wa-

ren, stieg die Besatzung des *Fliegenden Drachen* von Bord. Frauen, Kinder und alte Männer kamen hinter Gebäuden hervor oder traten aus dem Tor im Erdwall, um mit ihnen zum Begräbnisfest am Strand zu gehen. Juls und Sydne waren völlig allein. Sie stiegen von ihren Kisten, gingen zur Hündin hinüber und setzten sich zu ihr. Die Sonne war inzwischen hinter den Bergen des Fjordes verschwunden, und das Schiff lag bis auf die Mastspitze im Schatten. Eine Zeitlang spielten sie mit der Hündin. Dann stand Juls auf und sah sich nach etwas Eßbarem um. In diesem Augenblick kam ein Mann an Bord. Er war alt, und sein Gesicht schien auf der linken Seite gelähmt zu sein, so daß ein Mundwinkel nach unten hing und das linke Auge weit aufgerissen und trübe war. Er nahm eine Kiste. «Fangt an auszuladen», sagte er. Sie arbeiteten so lange mit ihm, bis es dunkel war und sie nichts mehr sehen konnten. Die ganze Zeit über sagte der Mann kein Wort. Auch Sydne und Juls schwiegen. Schließlich führte er sie zu einer Scheune in der zweiten Häuserreihe. Vor dieser Scheune befand sich ein Schweinestall und dahinter, in dem schmalen Durchgang zwischen Scheune und Erdwall, war ein kleiner Schuppen an die Rückwand genagelt. Vor der Tür war eine Feuerstelle, neben der ein Topf mit Suppe stand. Der Mann entfachte das Feuer und setzte den Topf auf. Kurz darauf kochte die Suppe. Dann holte er drei tiefe Holzlöffel aus seiner Hütte, und sie begannen zu essen.

«Wenn wir fertig sind, werde ich euch zeigen, wo ihr schlafen könnt. Ich heiße Augustin», sagte er, «und ich bin auch Sklave. Aus England.»

«Ich heiße Sydne und das ist mein Bruder Juls», sagte Sydne. «Wie lange bist du schon hier?»

Augustin blickte sie an. Sie konnte nicht erkennen, ob er versuchte zu lächeln. «Schon lange», sagte er. «Ich war einer der ersten.» Er lenkte seine volle Aufmerksamkeit wieder auf die Suppe, und sie schwiegen, bis sie zu Ende gegessen hatten. Dann nahm er einen Kerzenstummel und führte sie zu einem alten Stall am östlichen Ende der Siedlung, da, wo der der Erdwall in den Fjord ragte. Der Stall hatte einen hohen, schmalen Eingang ohne Tür. Eine Reihe Pfosten im Innern stützte das Dach. Der Boden war aus Stein.

«Im letzten Verschlag rechts sind Decken», sagte der Alte, «und auf dem Boden an der Hinterwand liegt Stroh. Ihr müßt es aufschichten, aber es ist sauber. Hier werdet ihr so lange bleiben, bis sie euch verkaufen. Erleichtern könnt ihr euch in der Grube an der Westseite des Stalles. Morgen früh werde ich euch etwas zum Frühstück geben und euch zeigen, was ihr tun sollt.» Er blies die Kerze aus und ging. Zum ersten Mal seit Montag waren sie allein.

Im Stall war es stockfinster, und sie verbrachten einige Zeit damit, ihre neue Umgebung zu ertasten. Schließlich fanden sie die Decken und das Stroh und bereiteten sich ein Lager. Als ihre Schlafstatt fertig war, fragte Juls seine Schwester, ob sie ein wenig jonglieren wolle. «Wir können Steine nehmen», sagte er und ging, ohne ihre Antwort abzuwarten, nach draußen. Sie folgte ihm. Ihre Beine und Arme waren müde vom vielen Laufen und Schleppen, und sie mußte auch noch beten vor dem Einschlafen, aber wenn sie nicht mit ihm ging, würde er allein gehen, und das wollte sie nicht. Sie waren Sklaven und hatten keine Rechte. Nicht auszudenken, was ihm alles geschehen könnte, wenn er allein da draußen wäre.

Juls bückte sich und suchte tastend nach Steinen. Sydne schloß sich ihm an. Die Nacht war klar, und der Mond warf scharfe Schatten. Dennoch war es schwierig, Steine in der Größe zu finden, nach der sie suchten. Schließlich hatten sie fünf Steine gefunden, die einigermaßen geeignet waren. Sie gingen hinter den Stall und machten einige Übungen zum Aufwärmen. Als sie sich warm und locker fühlten, machte Sydne ein paar Überschläge, Räder und Purzelbäume; Juls lief auf den Händen vorwärts und rückwärts, was für ihn nachts immer schon schwieriger gewesen war als bei Tageslicht.
Dann begannen sie zu jonglieren, und nachdem sie sich an das Gewicht der Steine gewöhnt hatten, fand Juls noch zwei weitere, und sie jonglierten mit sieben Steinen. Es war ein wenig schwieriger mit Steinen, weil sie von Gewicht und Größe her unterschiedlich waren, aber schon bald hatten sie dasselbe Gefühl dafür wie für die Holzkugeln, an die sie gewöhnt waren. Juls ging es genauso wie in dem alten römischen Amphitheater hinter Osso Wisoff – er stellte sich vor, daß die Geister längst verstorbener Männer und Frauen ihm begeistert zuschauten. Manchmal erhoben sich diese Geister von ihren Plätzen und klatschten Beifall. Dann hörte er unsichtbare Münzen auf die Bühne aus Marmor fallen und um seine Füße rollen.
Als sie aufhörten zu jonglieren, war ihnen warm und sie hatten Durst. Hinter ihnen kam ein hölzernes Rohr aus dem Erdwall. Sie hörten, daß irgendwo Wasser tropfte. Sie folgten dem Geräusch – es war stockfinster neben dem Erdwall, so daß sie sich vortasten mußten – und tranken dann, soviel sie wollten. Anschließend gingen sie zu der Grube und kehrten in den Stall zurück. Juls ging hinein, doch Sydne blieb noch am Eingang stehen.

Sie blickte zum Himmel empor und dachte an die Liebe Jesu Christi, an seine guten Taten und seine Wunder. Fast alle, denen er begegnete, lehnten ihn ab, als wäre er ein Fremder. Sie sprach zu ihm mit einer Stimme, die nur er und sie vernehmen konnten. «Christus, ich danke dir, daß du die Menschen liebst, die dich verachteten, und für das Blut, daß du für uns alle vergossen hast. Danke für Mutter und Vater und Juls und unsere Familie, und für die Arbeit, die wir haben. Bleib bei uns in dieser Welt und in der nächsten. Amen.»
Sie wollte gerade in den Stall gehen, hielt dann aber inne. «Und behüte Augustin. Er war sehr gut zu uns. Amen.»
Sie ging hinein und tastete sich zu ihrem Lager vor. Juls schlief schon. Sie legte sich neben ihn und schloß die Augen.
Augustin weckte sie im ersten Morgengrauen. Sie frühstückten an seiner Feuerstelle. Es gab heiße Milch und Hafergrütze. Dann bekamen sie Hacken und Schaufeln aus einem Schuppen neben dem Gemeinschaftshaus und gingen auf den Hügel hinter Linkøbing. Dort erwartete Herjolt sie. Mit Steinen hatte er die Form eines Schiffes ausgelegt, ungefähr zehn Fuß lang und vier Fuß breit. Der Bug zeigte auf das Meer.
«Das muß heute nachmittag fertig sein», sagte Herjolt, ohne Juls, Sydne oder Augustin dabei anzusehen. «Es werden Männer kommen und euch ablösen, aber ihr werdet dafür verantwortlich sein, wenn es nicht fertig ist.»
Er nahm eine Hacke von Augustin und schlug sie in den Boden. Kleine Erdklumpen flogen durch die Luft. Einer davon traf Juls am Knie. Dann gab Herjolt die Hacke zurück und ging den Hügel hinunter.
Sie begannen zu graben. Die erste Erdschicht war stein-

hart. Sie mußten sie mit Hacken abkratzen, aber etwas tiefer war das Erdreich fast weich.
«Was passiert, wenn wir nicht fertig werden?» fragte Juls.
«Wir werden fertig», sagte Augustin, ohne aufzublikken.
Später kamen Männer in kleinen Gruppen. Die ersten waren alt und hatten weißes Haar. Obwohl einige von ihnen gebrechlich waren, trugen alle ein Werkzeug bei sich. Ein Mann hatte nur noch einen Arm. Bei einem anderen zog sich wie ein zweiter Mund eine breite, tiefrote Narbe über die Wange. Alle hatten sie ein wenig Holzkohle in der Hand oder in der Tasche, die sie, nachdem sie an der Reihe gewesen waren, ins Grab fallen ließen. Sie stampften sie fest und sagten: «Dies ist das Schiffsgrab des Helden Kronhengst. Mögen alle, die hier einbrechen, verflucht sein.»
Wenn keine Freien arbeiteten, kehrten Augustin, Juls und Sydne zum Loch zurück und schaufelten so schnell sie konnten. Gegen Mittag war es an einigen Stellen etwa hüfthoch ausgehoben.
«Hier wird zweimal am Tag gegessen», sagte Augustin, als Sydnes Magen laut knurrte. «Frühstück und Abendessen. Das Abendessen ist am Nachmittag.»
«Haben die vorher keinen Hunger?» fragte Juls.
«Ihre Mägen haben sich daran gewöhnt», sagte Augustin. «Ihr werdet euch auch daran gewöhnen. Aber heute könnt ihr früh essen.» Er ging den Hügel hinab und kam mit einem Eintopf und drei Löffeln zurück. Bevor sie ihre Mahlzeit beendet hatten, kam die Mannschaft des *Fliegenden Drachen* halb betrunken und sehr ernst den Hügel hinauf – allen voran Thorolf. Jeder hatte eine Art Schaufel und ein Stück Holzkohle bei

sich. Sie arbeiteten in Gruppen zu je drei Mann und lösten sich je nach Alter ab. Die Jüngsten fingen an. Brand, einer der ersten drei, schien nicht so stark betrunken wie die anderen und nicht ganz so ernst. Mitten im Graben hielt er inne und blickte zu Juls auf, der mit Sydne und Augustin etwas abseits stand, und zwinkerte ihm zu. Juls sah, daß das Tuch um seinen Hals sauber und sorgfältig gebunden war.

Die Mannschaft blieb zusammen, bis das Grab ausgehoben war. Als letzter stieg Thorolf aus dem Grab. Es war inzwischen so tief, daß ihm jemand die Hand reichen mußte. Als die Männer aufbrachen, kam Brand auf Juls zu, ergriff sein rechtes Handgelenk, drehte die Handfläche nach oben und legte einen nassen Stein hinein. Juls zog in dem Augenblick, als der Stein seine Handfläche berührte, die Hand zurück, aus Furcht, er könnte plötzlich anfangen zu brennen. Der Stein rollte davon. Brand hielt sein Handgelenk noch fester, bückte sich, hob den Stein auf und legte ihn noch einmal in Juls' Hand. «Das nächste Mal ist er heiß», sagte er grinsend. «Dann sind wir quitt.»

Als Brand sich umwandte, sah Juls hinten am Hals unter dem Verband eine Blase. Das Fleisch um sie herum war roh, fast blutig. Und doch tat es Juls nicht leid.

Als die Männer aufbrachen, kamen Frauen und Kinder mit Holzplatten und Böcken, die sie zu Tischen aufstellten. Einige ältere Kinder sammelten Holz, das sie kreisförmig neben dem Grab aufschichteten. Inzwischen richteten die Frauen das Leichenmahl. Danach verließen sie schnell die Grabstätte, rannten beinahe den Hügel hinunter. Augustin, Sydne und Juls hatten währenddessen die ganze Zeit gearbeitet. Sie hatten die Seiten des Grabes geglättet und den Boden eingeebnet.

Kurze Zeit darauf kam der Trauerzug aus dem Tor den Hügel herauf. Augustin, Sydne und Juls nahmen ihre Werkzeuge und den Kochtopf und gingen zur Siedlung zurück. Sie hielten sich abseits des Pfades. Juls, der hinter Augustin und Sydne herging, blieb stehen und betrachtete den Trauerzug.

Vornweg trugen vier Männer auf einem Bett aus frisch gezimmertem Eschenholz die Leiche von Kronhengst. Man hatte ihm seine Kampfkleidung angezogen: seinen Helm und die lange, mit Eisenringen bewehrte Lederjacke. Seine Beine steckten in dicken, hohen Lederstiefeln. Dahinter ging Herjolt, der genauso angezogen war. Nach Herjolt kamen Männer mit langen Tragbahren, auf denen sich die wertvollsten Beutestücke von Bord des *Fliegenden Drachen* türmten. Juls sah sich die Gegenstände sehr genau an. Ihr Fensterchen war so wertlos, daß man es sicher nicht dazugelegt hatte, aber es hätte ja auch zufällig da hineingeraten können. Einen Augenblick fragte er sich, wie das Blau wohl aussehen würde, nachdem es hundert Jahre in einem Grab gelegen hätte. Ob es immer noch den Mond festhalten würde?

Der Anfang des Trauerzuges hatte jetzt das Grab erreicht, das Ende war fast auf dem Hügel angelangt. Ein ständiges Hin und Her setzte ein. Herjolt stand am einen Ende des Grabes neben dem aufgeschichteten Holz; Thorolf stand ihm gegenüber am anderen Ende. Nun gingen die Männer immerzu zwischen den beiden hin und her. Ein Mann ging zu Thorolf, redete mit ihm, ging dann zu Herjolt und sprach auch mit ihm. Das wiederholte sich ständig. Juls sah, wie einer der Männer dreimal zu jedem Ende des Grabes ging.

Er wartete ab, ob Herjolt und Thorolf auch miteinander

reden würden, aber sie blieben an ihrem Platz und gingen nicht einen Schritt aufeinander zu. Nur ihre Gefolgsleute waren in Bewegung.
Nachdem auch die letzten Nachzügler eingetroffen waren, wurde es still auf dem Hügel. Niemand rührte sich. Herjolt begann mit der Lobrede auf seinen Bruder. Er sprach so laut, daß man ihn unten in der Siedlung oder am Strand noch hören konnte. Seine Rede war viel länger als die, die Thorolf nach dem Tode Kronhengsts an Bord des Schiffes gehalten hatte. Juls setzte seinen Weg den Hügel hinab fort, noch bevor Herjolt zu Ende gesprochen hatte. Ihm war kalt. Als er in die Nähe des Erdwalls kam, trat ein Junge aus dem Tor. Er war ungefähr zehn Jahre alt und hatte offensichtlich Angst. Juls trat beiseite, um ihn vorbeizulassen. Aber auch der Junge verließ den Pfad, so daß sie in großem Abstand aneinander vorbeigingen.
Nach Einbruch der Dunkelheit, nachdem Sydne und Juls Augustin beim Füttern und Tränken seiner Schweine geholfen hatten, und nun mit ihm an seiner Feuerstelle saßen, fing er auf einmal an zu reden. «Ich will euch einen Rat geben», sagte er. «Gestern wurde der alte Stammesführer von Linkøbing beigesetzt. Er war ein starker Mann, wie ein Vater für diese Menschen hier, fast schon ein Gott. Ihm galt ein Menschenleben nicht viel, nicht einmal sein eigenes. Er hatte Linkøbing fest in seiner Gewalt. Die Menschen haben ein Schiff für ihn verbrannt, was noch nie vorgekommen ist. Sie sind nur Bauern, die zur See fahren, morden und plündern können. Es wird Jahre dauern, bis sie so viel Geld zusammen haben, daß sie sich Schiffsbauer leisten können, die ihnen ein neues Schiff bauen. Dann kam gestern der jüngere Sohn des alten Stammesführers als Leiche

heim. Nun gibt es noch ein Fest, an dem die Männer sich bis zum Umfallen betrinken und miteinander raufen. Jetzt könnt ihr sie schon hören, und es ist noch früh. Heute nacht wird es Kämpfe geben. Menschen werden getötet oder zu Krüppeln geschlagen. Bleibt morgen in eurem Stall außer Sichtweite. Wenn euch jemand etwas zu tun gibt, geht ihm aus dem Weg und erledigt den Auftrag. Wenn er euch fortschickt, bleibt so lange wie möglich fort. Auch das Gemeinschaftshaus ist jetzt nicht sicher. Habt ihr verstanden? Nach einem Tag werden sie sich dann wieder daran erinnern, daß sie Bauern sind und daß die Zeit der Aussaat bevorsteht, aber heute Nacht wissen sie nicht, wer sie sind. Also verhaltet euch wie die Frauen und Kinder hier und versteckt euch.»

Sie befolgten Augustins Rat und blieben den ganzen nächsten Tag in ihrem Stall. Es war windig, regnerisch und kalt. Sie unterhielten sich, schliefen ein wenig, dachten sich ein Rätsel aus und versuchten, ihre Furcht zu vergessen. Augustin kam im Laufe des Vormittags vorbei und brachte ihnen ein paar Stücke kalter Hafergrütze und einen Topf Möhrensuppe. Beim Essen fragte Juls ihn, woher er seine Mahlzeiten bekomme. Hinter dem Gemeinschaftshaus gebe es einen Kochschuppen, antwortete Augustin, in dem Herjolts Tante das Essen für Herjolt und seine Gäste zubereite. «Sie richtet einen Teller für den Sohn des Stammesführers, den ich ihm in seine Hütte bringe. Ich bekomme die Reste. Was ich nicht esse, gebe ich anderen Sklaven oder den Schweinen.»

«Wie viele Sklaven gibt es noch außer uns?» fragte Sydne.
«In jedem Frühjahr kommen ein paar neue, die im Herbst wieder verkauft werden.»
Die Suppe war gut, und mit der Hafergrütze hatten sie immerhin einen Brotersatz. Sie hätten mehr gegessen, wenn noch etwas dagewesen wäre.
Der Nachmittag war zum größten Teil ruhig. Zweimal jedoch hörten sie, wie zwei Männer miteinander kämpften. Sydne war der Meinung, es seien beide Male dieselben Männer gewesen, aber Juls behauptete, eine Stimme sei anders gewesen. Beim zweiten Kampf fürchteten sie sich noch mehr, denn er wurde ganz in ihrer Nähe ausgetragen. Jeden Augenblick konnten die Kämpfenden in den Stall einfallen und dort mit Messern aufeinander losgehen. Zu guter Letzt entfernten sich die Geräusche. Doch dann stieß einer der Männer einen Schrei aus, als würde er umgebracht.
Am späten Nachmittag fand Sydne bei der Rückwand ihres Stalles ein Brettchen mit einem Astloch. Augustin ritzte mit einem kleinen, sehr scharfen Messer einen Kalender für sie hinein. Sydne wollte immer wissen, wann Sonntag war. Zwar würden die Wikinger ihnen niemals einen freien Tag zum Beten und Ausruhen zugestehen, aber es war doch wichtig, die Sonntage festzuhalten. Vielleicht gab es ja Wege und Möglichkeiten, sie besonders zu gestalten. Doch auch wenn dies nicht gelingen sollte, wäre allein schon das Wissen, daß Sonntag war, etwas Besonderes. Augustin teilte die Latte in sieben Spalten ein. Sechs versah er mit Sternchen, eine mit einem Kreuz. Heute war Sonnabend. Morgen würde Sydne das erste Zeichen unter das Kreuz machen. Sie bekam ein Stück Kordel von Augustin, die sie durch

das Astloch zog. Dann band sie das Brettchen um den Hals und steckte es unter das Überkleid. Nun hatte sie das Gefühl, ihr Kreuz wieder bei sich zu haben.
An diesem Abend machten sie ihre Übungen auf dem Steinboden im Stall statt draußen. Und Sydne betete heute, nachdem sie sich hingelegt hatte. Da vernahmen sie ein Geräusch. Ein Mann stand im Eingang. Er hielt sich oben fest, um das Gleichgewicht zu halten, und blieb einfach dort stehen. Sie waren sicher, daß er nichts erkennen konnte – im Stall war es stockfinster –, aber er blieb und starrte ins Innere. Sydne und Juls verhielten sich mucksmäuschenstill; sie wagten kaum zu atmen. Schließlich ging er fort, und sie setzten sich auf. Sie waren hellwach.
Nach geraumer Zeit atmeten sie wieder freier. «Soll ich dir eine Geschichte erzählen?» fragte Sydne.
«O ja», antwortete Juls dankbar und legte sich wieder hin. Sie hatte eine wunderschöne, ruhige Stimme, ganz wie ihre Mutter, und er hörte ihr im Dunkeln gern zu. «Du kennst sie zwar schon, aber das macht nichts», sagte Sydne und erzählte ihm die Ostergeschichte von den beiden Jüngern auf dem Weg nach Emmaus, nachdem Jesus getötet worden war; wie dann ein Fremder, der in Wahrheit der von den Toten auferstandene Jesus war, sie einholte und mit ihnen ging. Eine Zeitlang schwieg er; aber dann fragte er sie, warum sie so traurig seien und was in Jerusalem in den vergangenen Wochen los gewesen sei. Sie waren überrascht, daß er es nicht wußte, und erklärten ihm, daß Jesus ihr Herr sei und wie er in die Stadt gekommen und dort gekreuzigt worden sei. Jesus nickte immer wieder, stellte Fragen und sagte Dinge wie: «Stimmt das?» oder «Erzählt mir mehr darüber.» Abends kehrten sie in einem Gasthaus ein.

Als das Brot gereicht wurde, nahm Jesus es, betete und brach es. Plötzlich fiel es ihnen wie Schuppen von den Augen, und sie wußten, wer vor ihnen saß, und sie lachten, weil sie ihm den ganzen Nachmittag seine eigene Geschichte erzählt hatten.
Als Sydne ihre Erzählung beendete, war Juls schon fast eingeschlafen.
«Das soll das Evangelium für morgen sein», sagte Sydne. «Morgen ist Sonntag.»
«Sonnabend», sagte Juls.
Sydne schüttelte den Kopf. «Nein, morgen ist der erste Sonntag nach Ostern.» Sie wußte, daß er nicht zuhörte, aber sie sagte ihm trotzdem alles über die kirchlichen Festtage, was sie wußte, nur um nicht mehr an den Mann in der Türöffnung denken zu müssen.
«Über drei Feiertage müssen wir uns keine Gedanken machen», sagte sie. «Das ist Weihnachten, Ostern und Pfingsten. Den Zeitpunkt für Weihnachten und Ostern kann man nicht vergessen, und wenn es doch passiert, kann man ihn leicht wiederfinden. Weihnachten ist am ersten Sonntag nach der Wintersonnenwende, und Ostern ist am ersten Sonntag nach dem ersten Vollmond im Frühling, und wenn man neunundvierzig Tage dazuzählt, hat man Pfingsten. Dann gibt es natürlich noch den Johannistag zur Sommersonnenwende, und den kann man einfach nicht vergessen.»
Sydne lauschte. Die Welt war still. «Wenn nun Augustin der verkleidete Jesus ist?» sagte sie. «Wenn er nur darauf wartet, daß wir ihn erkennen?» Sie legte sich hin und schloß die Augen. Sie war plötzlich sehr müde und schlief ein.
Juls träumte. In seinem Traum mußten er und Sydne sich ein Stück ausdenken, das am selben Abend noch

aufgeführt werden sollte. Sie probten in dem Amphitheater hinter Osso Wisoff, und es ging gut, obwohl sie noch nicht wußten, wie das Stück enden sollte. Dann trat jemand auf die Bühne und durchbohrte Juls' Hand mit einem Speer.

Der Schmerz zerriß seinen Traum. Er hatte sich aufgesetzt, und in den Ohren hallte noch das Echo eines Schreis nach. Zunächst dachte Juls, er sei tot oder läge im Sterben. Doch dann hörte er Sydnes Stimme neben sich und sah das Mondlicht draußen vor dem Eingang zum Stall und wußte, wo er war. Schweiß brach ihm aus allen Poren. Für einen Augenblick ließ der Schmerz nach. Dann kam er wieder, als habe jemand den Speer in seiner Hand gedreht und herausgezogen.

Es roch nach verbranntem Stroh.

Sydne war auf den Beinen. «Ich hole Hilfe», sagte sie. Sie rannte aus dem Stall und zwischen den beiden Häuserreihen hindurch zu dem Schweinestall und Augustins Schuppen. Er hatte keine Tür; nur ein altes Schafsfell hing über dem Eingang. Sie schob es zur Seite und streckte den Kopf durch den Eingang. «Jemand hat Juls an der Hand verbrannt», sagte sie.

Augustin setzte sich auf. «Kaltes Salzwasser», sagte er. «Nimm den Eimer hier.» Sie konnte den Eimer nicht sehen, hörte aber, wie er gegen die Wand neben ihr schlug. «Je schneller, desto besser.»

«Es ist eine Brandwunde.»

«Kaltes Salzwasser», wiederholte Augustin.

Sydne nahm den Eimer und rannte zum Fjord hinunter. Das Wasser war klar und eiskalt. Selbst bei Mondlicht konnte sie den steinigen Grund drei oder vier Fuß unter der Oberfläche sehen. Sie schöpfte den Eimer voll und lief zum Stall zurück. Er war schwer, und in der Eile verschüttete sie ein wenig, aber als sie am Stall ankam, war er noch zu zwei Dritteln voll. Augustin war bereits zur Stelle. Auf dem Boden stand eine Kerze. Daneben waren ein Tonkrug mit einem Kupferdeckel und Tücher.

«Stell den Eimer hier neben ihn», sagte Augustin. Er nahm Juls' linkes Handgelenk und drückte die Hand ins Wasser. «Das Salz wird dafür sorgen, daß der Schmerz nicht schlimmer wird.»

Juls rührte sich nicht. Er hatte den Kopf leicht nach vorn geneigt und seine Beine von sich gestreckt. Er war blaß, sein Haar war schweißnaß, und er zitterte. Immer wieder versicherte er Sydne, daß es ihm gutgehe, und daß die Brandwunde nicht so schlimm sei. Die ganze Zeit über hielt Augustin seine Hand in den Eimer. Beim Schein der Kerze, die scharfe Schatten nach oben warf, sah Augustins Gesicht sehr häßlich aus. Der herunterhängende Mundwinkel, das aufgerissene, trübe Auge, darüber die flache, glatte Stirn – all das sah zum Fürchten aus, aber irgendwie machte es ihr nichts aus.

Sydne sah sich suchend im Stall um und erblickte einen kleinen runden Stein direkt am Eingang. Sie ging hin und berührte ihn. Er war warm. Sie stieß ihn mit dem Fuß hinaus und stellte dabei fest, daß sie keine Schuhe anhatte. Augustin zog Juls' Hand aus dem Wasser und hielt sie näher an die Kerze. Sydne ging zu ihm, um sich die Verletzung anzusehen. Sie hatte erwartet, daß sie rot und vielleicht sogar blutig gewesen wäre. Statt dessen befand sich auf der Innenfläche eine große weiße Blase.

«Halte deine Hand so, mit der Handfläche nach oben», sagte Augustin und ließ Juls' Hand los. Er nahm den Deckel von seinem Krug. Ein Duft verbreitete sich, den sie gut kannten – sie wußten, in welchen Wäldern diese

Heilpflanze wuchs, daß ihre Blätter im Herbst kraus wurden und sich rot verfärbten, wie viele Körbe voll Wurzeln man brauchte, um eine Tasse Öl zu gewinnen. Der Duft war frisch, süß und leicht minzig –, noch zwei oder drei Tage, nachdem man im Wald gewesen war und Wurzeln herausgezogen hatte, haftete er an den Händen. Augustin verteilte das Öl auf der Brandblase und um sie herum. «Halt' still», sagte er und verließ den Stall. Kurz darauf kehrte er mit einem Stück frisch gespaltenen Eschenholzes zurück. Er polsterte das Holzstück mit einem Tuch, legte es auf Juls' Hand und umwickelte alles von den Fingerspitzen an bis über das Handgelenk mit einem Lappen. Als er fertig war, setzte er sich zurück. «Es wird heilen», sagte er.

Juls betrachtete seine Hand. Der Schmerz hatte ein wenig nachgelassen, aber er war immer noch schlimm. Er hatte Durst. Augustin verschloß seinen Ölkrug, nahm den Eimer in die Hand und blies die Kerze aus. In der Dunkelheit hatte Sydne plötzlich Angst. Sie wollte nicht allein gelassen werden. Als sie hörte, wie Augustin aufstand, streckte sie die Hand nach ihm aus und berührte seinen Arm.

«Wie alt warst du, als du herkamst?» fragte sie.

«Ungefähr so alt wie dein Bruder», antwortete er mit müder Stimme.

«Warst du der einzige, den sie herbrachten?»

«Wir waren drei Männer und sechs Frauen und zehn Pferde. Mich und die Pferde haben sie behalten. Es waren kleine Pferde für den Pflug. Die Menschen wurden in Frankreich verkauft.»

Sydne stellte sich neben ihn. «Wenn sie zwei Angehörige derselben Familie verkaufen, verkaufen sie sie dann zusammen?»

«Sie verkaufen an den Meistbietenden», sagte er. «Das ist die einzige Regel, an die sie sich halten.»
«Ist jemals einer hierher nach Linkøbing gekommen?» fragte Juls. «Einer von derselben Familie wie der Sklave und hat ihn zurückgekauft?»
«Woher sollten sie wissen, wohin sie fahren müssen?» fragte Augustin. «Weißt du, wie viele Fjorde es an dieser Küste gibt? Und wie viele Stämme wie Linkøbing zwischen hier und Schweden liegen, in denen überall Bauern wie diese hier leben?»
Sydne und Juls schwiegen.
«Ihr kommt aus einem Land des Lichts. Kann sein, daß ihr es nicht wißt, aber es ist so. Wenn wir in England Sklaven wären, gäbe es Gesetze zu unserem Schutz. Wir wären nicht nur Vieh. Ihr solltet wieder schlafen.» Er ging zum Eingang, der vom Mondlicht hell erleuchtet wurde. «Wenn dein Bruder seinen Verband nicht abnimmt und ihn sauberhält, wird die Brandwunde heilen. Denk daran, Juls, und nimm den Verband nicht ab, bevor ich es dir sage.»
Er stellte den Eimer auf den Boden und kippte das Wasser aus. «Ohne dich», sagte Sydne, «hätten wir niemanden, der uns helfen würde.»
«Hängt euch nicht zu sehr an mich», sagte Augustin. «Ich bin auch nur ein Sklave. Ihr müßt allein für euch sorgen, wenn es euch gutgehen soll.»
«Danke», sagte Sydne. Sie ging zu ihm und küßte die häßliche Seite seines Gesichts. Er ging.
«Jetzt sind Brand und ich quitt, nehme ich an», sagte Juls. Er ging zu seinem Strohlager und legte sich hin. «Er hat mir den Stein nicht in die rechte Hand gelegt. Das ist ein gutes Zeichen, glaube ich. Wenn er überhaupt darüber nachgedacht hat.» Er schwieg eine Zeit-

lang, und Sydne kam zu ihm und setzte sich neben ihn. Sie konnte hören, wie er sich auf dem Stroh hin und her wälzte. «Vielleicht können wir uns etwas ausdenken, wie wir mit drei Händen jonglieren können», sagte er. «Meine rechte Hand in der Mitte und deine beiden außen.»

«Darüber sprechen wir morgen», sagte Sydne. «Möchtest du noch etwas?»

«Nein. Ich will schlafen.»

«Wenn du diese Nacht irgend etwas brauchst, weck mich.»

«Keine Sorge. Mir geht's gut.»

Das war eine Lüge. Es dauerte sehr lange, bis er einschlief.

Am nächsten Morgen kam Augustin und teilte ihnen mit, daß Herjolt sie im Gemeinschaftshaus erwarte. «Ich habe euch etwas zu essen gerichtet», sagte er. «Macht euch keine Sorgen. Ich weiß aus seiner Küche, daß er noch nicht gegessen hat. Zieht euch an und kommt zu meinem Schuppen.» Er sah Juls an. «Ist dein Verband noch trocken?»

Juls nickte.

«Mach ihn nicht schmutzig.»

Kurze Zeit später, nachdem sie ein wenig Hafergrütze und saure Milch gegessen hatten, warteten sie vor dem Gemeinschaftshaus, bis jemand sie rufen würde.

Feiner Nebel lag in der Luft, fast schon ein Nieselregen, der sie langsam bis auf die Haut durchnäßte. Juls deckte mit der rechten Hand die linke zu, um sie trocken zu halten.

Überall liefen Männer, Frauen, Kinder und Hunde herum. Jetzt, nachdem die Begräbnisfeiern vorüber waren, begann wieder der Alltag – die Menschen entfachten Feuer, schärften ihre Werkzeuge, nähten und kochten. Vor einem winzigen Haus neben dem Gemeinschaftshaus rührte eine uralte Frau in einem Topf. Drei Frauen und ein Mann mit Schüsseln in den Händen kamen heraus. Sie schöpften Hafergrütze aus dem Topf und gingen wieder hinein. Dann traten drei Kinder ins Freie und machten dasselbe. Das Haus war kaum geräumig genug, daß sich ein Mensch darin hätte ausstrecken können, aber diese Menschen gingen ein und aus, als wäre es das Gemeinschaftshaus eines Stammesführers. Juls schätzte die Größe des Hauses mit den Augen ab. Es war etwas größer als ihr Wagen und so gebaut wie die meisten Häuser in Linkøbing, nämlich aus mehreren Holzpfosten, die etwa zwei Fuß breit auseinander standen, und in den Zwischenräumen mit Holzstücken, Lehm und Steinen ausgefüllt waren. Ein dickes Strohdach hing tief herunter. Die einzigen Öffnungen waren eine Tür und ein Rauchabzug.

Thorolf trat aus dem Gemeinschaftshaus und bedeutete Juls und Sydne, hereinzukommen. Im Innern des Gebäudes mußten sich ihre Augen erst an die Dunkelheit gewöhnen. Ein heißes, trockenes Feuer flackerte auf der Feuerstelle. Zwei hohe Öllampen zu beiden Seiten von Herjolts Stuhl gaben ein wenig Licht. Auch durch den Rauchabzug drang Helligkeit. Herjolt stand neben der Feuerstelle. Er hatte eine kurze gelbschwarze Bauernjacke an, in der er dicker und kleiner aussah als gestern in seinem langen Kampfhemd. Um den Bauch trug er einen breiten gelben Gürtel mit goldenen, ineinander verschlungenen Schlangen. Eine dieser Schlangen hatte grüne Augen, die andere rote.

Herjolt hatte Juls' Überkleid in der Hand. Er hielt es hoch, damit Juls sehen konnte, daß es seines war, und warf es ins Feuer. Einen Augenblick dampfte und qualmte es nur, aber dann bogen sich die Kanten nach oben. Die Stulpen waren so verdreckt, daß man die eingeritzten Bilder nicht erkennen konnte. Sie begannen zu brutzeln, und schließlich fing die Wolle und auch das Leder Feuer. Einer der Fünf Weisen kam herein, stellte sich neben Herjolt und sah dem Feuer zu. Es dauerte lange.

Als das Überkleid schon halb verbrannt war, begann Sydne sich im Gemeinschaftshaus umzusehen. Es war fast genauso groß wie das Herrenhaus in Osso Wisoff. Nur waren hier die Pfosten, die das Dach stützten, schlichte Baumstämme, von denen die Rinde entfernt worden war. Und es gab keine abgeschlossenen Räume. Es war wie eine große Scheune.

Rechts an der Wand stand ein riesiges Holzbett. Es hatte vier Eckpfeiler mit geschnitzten Falkenköpfen, die Sydne zugleich schön und häßlich fand. Das Bett stand auf alten Kisten und Fellen. Es neigte sich ein wenig nach links. Herjolts Stuhl, der hinter der Feuerstelle stand, war mit hübschen Schnitzereien versehen, aber der Sitz sah aus wie eine alte Decke, die mit Stroh ausgestopft war. Wenn sie schon gute Stühle stehlen, dachte Sydne, warum stehlen sie dann nicht auch gute Kissen?

An der Wand links waren die Beutestücke aufgestapelt, die im Freien rosten oder verrotten würden, aber es herrschte keine Ordnung. Alles lag durcheinander. Der Raum roch säuerlich – nach einer Mischung aus Essig und altem Käse.

Inzwischen war das Überkleid fast verbrannt. Die Nähte zogen sich noch wie schwarze Linien durch die Glut, aber der Rest, auch die Stulpen, fiel als Asche

zwischen die Kohlestücke. Herjolt schürte das Feuer mit einem langen Messer. Dann blickte er zu Juls. «Deine magischen Zeichen sind hier machtlos», sagte er. «Hat dein Vater auch welche gemacht?»
Da erkannte Juls, daß Herjolt seinen Vater für einen Magier oder Priester hielt. «Nein, Herr, er ist Schausteller. Meine Mutter auch.»
«Sklaven, die magische Zeichen einritzen, bekommen Ärger mit ihren Herren.»
«Herr, es waren nur Bilder zur Erinnerung an meine Familie. Ich weiß nichts über diese Zeichen.»
«Söhne lernen von den Vätern», sagte Herjolt. «Wie alt warst du, als er dir zeigte, wie man es macht?»
Juls wußte nicht, was er antworten sollte.
«Wie lange hat er gebraucht, dich zu unterweisen?»
«Mit Verlaub, Herr», sagte Juls, «mein Vater hat keine magischen Zeichen gemacht.» Er dachte einen Augenblick nach. «Wenn er sie angefertigt hätte, wären sie besser als meine gewesen. Mein Vater ist geschickt und arbeitet viel.»
«Dann macht er also nur magische Zeichen, wenn er will», sagte Herjolt. «Und er zeigt dir nicht, wie es geht. Du hast es durch Zuschauen gelernt.» Er nahm ein Stück Käse aus seiner Tasche und steckte es sich in den Mund. Da es ihm nicht schmeckte, spuckte er es ins Feuer.
«Mein Vater ist Schausteller, Herr», sagte Juls.
Herjolt nickte. «Ihr macht Kunststücke hinten auf einem Wagen.» Er blies noch mehr Käsestücke aus dem Mund. «Ihr werft Kugeln in die Luft und fangt sie. Jetzt seid ihr Sklaven und werdet arbeiten.» Er blickte ins Feuer. Sydne hatte noch nie jemanden gesehen, der so müde aussah, nicht einmal die Männer auf dem *Fliegen-*

den Drachen nach dem Sturm. Dann fiel ihr ein, daß sein Vater und sein Bruder gerade gestorben waren. «Mit Verlaub, Herr», sagte sie, «unsere Arbeit ist das Schaustellern. Das haben wir gelernt. Unsere Familie lebt davon. Etwas anderes können wir nicht.» Sie wollte noch den Verkauf von Johannis-Elixier erwähnen, aber das hörte sich zu sehr nach Zauberei an.

Herjolt schüttelte den Kopf. «Das war in einer anderen Welt.» Er betrachtete ihre Haare. «Haben die Sklaven in England lange Haare?»

«Nein, Herr.»

Er nahm ein Messer aus seinem Gürtel und reichte es ihr. «Schneide sie ab.»

Das Messer war lang, hatte eine sehr scharfe Klinge und war spitz wie eine Nadel. Sie nahm ein Büschel Haare am Hinterkopf in die Hand und drehte es, aber sie wagte nicht, das Messer nach hinten zu führen aus Angst, sich in den Hals oder in die Hand zu schneiden.

Herjolt blickte Juls an. «Hilf ihr.» Juls nahm das Messer und versuchte, die Haare so schnell wie möglich abzuschneiden. Zuerst hinderten ihn der Verband und die Schiene an seiner linken Hand. Aber der Daumen war frei, und er fand heraus, wie er das Messer halten mußte. Jeder Schnitt zog an den Haaren, aber Sydne gab keinen Laut von sich. Nachdem die halbe Arbeit getan war, trat Thorolf ein, stellte sich neben Herjolt und sah ihnen zu. Als Juls fertig war, gab er das Messer an Herjolt zurück. Sydne sammelte die Haare vom Fußboden auf, ging zur Feuerstelle und warf sie ins Feuer. Es knisterte und rauchte und verbreitete einen beißenden Geruch. Sie wandte sich um und blickte Herjolt an. «Herr, ich habe eine Bitte. Da ist ein grauer Lederbeutel, der mit einer schwarzen Kordel zugebunden ist. Darin befindet sich

ein Stück blaues Glas, das uns gehört. Es ist an Bord des Schiffes in einem Faß, und wir hätten es gern zurück.»
Herjolt schüttelte den Kopf. «Euch gehört gar nichts. Nicht einmal die Schuhe an den Füßen.»
Sydne beschloß fortzufahren. «Es ist wie ein Fenster», sagte sie. «Wir haben es gekauft. Aber es ist nicht viel wert.»
Herjolt blickte auf ihre Füße. «Zieht meine Schuhe aus – es sind nicht eure – und laßt sie hier stehen.» Seine Stimme wurde plötzlich ärgerlich. «Nun macht schon.»
Sie zogen die Schuhe aus.
«Geht. Folgt Thorolf.»
Sie gingen hinaus. Der Boden draußen war ein wenig wärmer als der in dem Gemeinschaftshaus, aber er war nicht so glatt. Thorolf führte sie durch die Siedlung zum Tor hinaus, wandte sich nach rechts der Straße zu, die langsam anstieg. Oben war das Land flach. Auf den Feldern zu ihrer Linken standen noch die Stoppeln der letzten Ernte im Herbst. Nach ungefähr zwei Meilen gelangten sie an ein Feld, das mit Steinen und Baumstümpfen übersät war. «Das Feld gehört Fryrtig.» Thorolf sah Juls an. «Sein siebter Sohn hat dich mitgenommen. Die Sippe hat daher ein Anrecht auf dich, solange du hier bist. Sammelt Steine und tragt sie neben dem toten Baum dort in der Ecke zu einem Haufen zusammen. Aber nicht nur kleine. Den Hof erreicht man, wenn man ein Stück diese Straße entlanggeht. Wenn ihr die Glocke hört, könnt ihr dort essen gehen. Bis dahin habt ihr einen großen Haufen zusammengetragen.»
Sie verließen die Straße und gingen auf das Feld. Thorolf rief sie zurück. «Führt ihr Stücke vor?» Er blickte zuerst Juls, dann Sydne an, die zustimmend nickte. «Fangt jetzt an. Ich werde später noch mit euch reden.»

Sie machten sich an die Arbeit, und der Morgen verging wie im Flug. Es tat gut, etwas zu tun und allein zu sein. Am Nachmittag wurde Sydne müde. Ihr war warm, und sie hatte Angst. Arme und Beine schmerzten. Sie hatte Hunger und wollte etwas essen, aber sie hatte auch Angst vor dem Klang der Glocke, bei dem sie zu einem fremden Haus und zu fremden Menschen gehen mußte, die ihre Herren waren. Sie sah auf ihre Füße. Sie wußte, was mit den Füßen von Feldsklaven geschah. Sie wurden flach und rissig und schmutzig. Eines Tages würden ihre Füße auch so aussehen. Sie dachte an die Füße ihrer Mutter – lang und schön, ohne Narben. Sie hatte auch schöne Fußgelenke, die sie immer mit hellblauen Bändern schmückte, wenn sie die Rolle der Königstochter in dem Stück *Des Königs Reue* spielte. Wenn sie dann über die Bühne ging oder tanzte, flatterten die Bänder immer hinter ihr her.

Sydne setzte sich auf einen Stein, zog einen Fuß zu sich heran, klopfte den Schmutz ab und begann, ihn zu massieren und ihn auf und ab zu bewegen. Sie prüfte, ob er nicht schon flach zu werden begann. Als sie noch klein waren, hatte ihre Mutter vor dem Schlafengehen immer Streckübungen für Arme und Beine mit ihnen gemacht, damit sie gerade wuchsen. Und wenn sie müde oder mutlos war, hatte die Mutter zu ihr gesagt: «Sydne, du wirst groß wie eine Zypresse.» Wie konnte sie es jetzt verhindern, daß sie einmal so gebeugt einhergehen müßte wie eine Sklavin?

Sie wischte die linke Hand am Rock ab und fuhr sich damit durchs Haar. Wenn es nachgewachsen ist, dachte sie, werden sie es wieder abschneiden.

Die Glocke rief zum Essen. Auf einmal hatte sie keinen Hunger mehr. Sie wollte den siebten Sohn der Fryrtig-

Sippe nicht sehen, geschweige denn seinen Vater oder einen seiner sechs Brüder. Sie wollte das Essen nicht wie ein Sklave vorgesetzt bekommen, auch wenn es dasselbe Essen war, das die anderen zu sich nahmen.
Juls warf einen Stein auf den Stapel. «Essenszeit.» Er ging schon zur Straße. Sie sah, daß sein Verband völlig verschmutzt war. Sydne stand auf und folgte ihm. Noch nie in ihrem Leben hatte sie sich so hilflos gefühlt.

Brand war der einzige, der Sydne und Juls ansah und mit ihnen redete. Kaum hatten sie den Hof betreten, rief er auch schon zu Juls hinüber: «Keine Rache mehr. Wir sind quitt.» Und nach der Mahlzeit – sie hatten dasselbe Essen wie alle anderen bekommen, nur etwas weniger – kam er zu ihnen und sah sich Juls' Verband an.
«Hat Augustin den angelegt?» fragte er.
Juls nickte.
«Er ist der bester Heiler in ganz Jütland, außer meinem Bruder», sagte Brand und ließ sie stehen.
Den Rest des Tages verbrachten sie auf dem felsigen Acker und kehrten erst wieder zur Siedlung zurück, als es schon fast dunkel war. Sie gingen gleich zu Augustins Schuppen. Sydne hatte erwartet, daß er Juls' Verband wechseln würde – das war der Hauptgrund, warum sie zu ihm wollte –, aber Augustin war sicher, daß der Dreck nur außen am Verband saß. «Wenn ihr morgen früh aufwacht, ist er durchnäßt. Dann kommt her.»
Sie blieben noch eine Weile bei ihm. Nachdem der Mond aufgegangen war, gingen sie an die Stelle hinter ihrem Stall, wo sie schon einmal gewesen waren, und

begannen zu üben. Kurz bevor sie aufhören wollten, bemerkte Sydne einen Jungen im Schatten neben dem Wasserrohr. «Thyri», sagte der Junge. «Nicht böse.»
«Ich heiße Sydne», sagte sie, «und das ist mein Bruder Juls. Wir führen auch nichts Böses im Schilde.»
Thyri zuckte mit den Schultern. «Mein Großvater ist tot, und deshalb ist mein Vater jetzt Stammesführer.»
Einen Augenblick standen sie nur da und musterten sich gegenseitig, dann wandten Sydne und Juls sich wieder ihren Übungen zu. Thyri griff in seine Tasche und holte einen kleinen weißen Stein heraus, den er ein paarmal von einer Hand in die andere fallen ließ. Dann warf er ihn ein wenig hoch und fing ihn mit beiden Händen wieder auf. Er lächelte.
Juls und Sydne hielten inne und sahen ihm höflich zu. An seiner Kappe konnten sie erkennen, daß er geistesschwach war. Sie hatte die Form einer Schüssel, die ihm fast bis zu den Ohren reichte, und war mit einem Band voller Runen auf seinem Kopf festgebunden. Die Runen sollten böse Geister davon abhalten, in seinen Kopf einzudringen, und die bösen Geister töten, die bereits drinnen waren.
Juls und Sydne hatten schon Geistesschwache gesehen. Diesem Jungen hätte man es aber nicht angesehen, wenn er nicht die Kappe getragen hätte. Auffallend an ihm war nur, daß er hübsch war.
Eine Wolke schob sich vor den Mond. Thyri legte eine Hand auf das Band seiner Kappe und ließ sie dort liegen, bis der Mond wieder hervorkam.
«Du gleichst unserer Mutter», sagte Sydne.
Jetzt sah Juls es auch. Er ging zu der Ecke des Schuppens, wo sie am Abend zuvor die Jongliersteine versteckt hatten, und holte fünf heraus. «Hast du uns vor

zwei Nächten gesehen, als wir geübt haben?» fragte er und kehrte mit den Steinen zurück. «Als wir diese Steine geworfen und versucht haben, sie zu fangen?»
«Ja.»
«Willst du uns wieder zusehen?»
«Ja.»
«Weiß dein Vater, daß du hier bist?»
Thyri bückte sich, legte den Stein auf den Boden und ging fort. Sobald er um die Ecke des Stalles gebogen war, konnten Sydne und Juls hören, wie er losrannte. Sydne tat es leid, daß sie ihn erschreckt hatten, aber sie war auch froh, daß er fort war. Geistesschwache bereiteten ihr Unbehagen. Sie wußte, daß es nicht richtig war. Auch sie waren Geschöpfe Gottes, und noch nie hatte ein Geistesschwacher ihr Schaden zugefügt, aber dennoch hatte sie Angst vor ihnen. Daß dieser hier der Sohn des Stammesführers von Linkøbing war, machte die Sache nur noch schlimmer.
Sie übten nicht lange. Es war schwer, mit drei Händen zu jonglieren, und heute abend waren sie müde. Sydne blieb noch am Eingang zum Stall stehen, während Juls schon hineinging. Er setzte sich auf das Stroh und dachte an Runen. Früher, bevor der christliche Glaube nach England gekommen war, hatten alle Menschen an die Macht von Runen geglaubt. In die Grundmauern des Turms bei Osso Wisoff waren Schriftzeichen gemeißelt. Sie waren inzwischen verwittert, und die Oberfläche der Steine war zum Teil gesprungen, aber die Runen waren noch zu erkennen. Damals hatten die Menschen geglaubt, daß Runen jemandem Stärke verleihen, ihm gute Ernten einbringen und den Tod von ihm fernhalten konnten. Wenn ein reicher Mann in jenen Zeiten starb, bezahlte seine Familie vielleicht jemanden dafür, damit

er Runen in einen Stein ritzte. Dieser Stein sollte dann auf das Grab gestellt werden mit den Runen nach unten, damit ihre Kraft nur dem Mann gehörte, dessen Familie für die Runen bezahlt hatte.
Juls stand auf und tastete nach den Steinen auf dem Boden. Wenn er einen Stein fände, der nicht zu hart war, könnte er seine Bilder noch einmal einritzen; niemand würde es erfahren, und er selbst konnte sie im Dunkeln ertasten. Er könnte jede Nacht eines ritzen, wenn Sydne betete. Er fragte sich, was Herjolt wohl mit ihm machen würde, wenn er es herausfände. Wahrscheinlich würde er ihn verkaufen, und dann wäre er von Sydne getrennt. Seine Finger fanden einen lockeren Stein. Er hob ihn an. Aber noch bevor er ihn halb aus dem Boden gezogen hatte, ließ er ihn los. Er fiel mit einem dumpfen, hohlen Laut in die Vertiefung zurück. Nein, er würde es nicht tun. Lieber wollte er seine Familie vergessen, als Sydne allein zurückzulassen. Er fragte sich, was Herjolt noch tun könnte. Wofür würde er einen Sklaven wohl schlagen? Oder aufhängen?
Jemand kam mit einer Laterne in den Stall. Es war Thorolf, und er hatte ihre Schuhe mitgebracht. «Wißt ihr, wer entscheidet, was mit euch geschieht?» fragte er und stellte die Laterne auf den Boden.
Sydne kam herein und stellte sich neben Juls. Sie sagten nichts.
Thorolf blickte zur Decke. «Vielleicht Herjolt. Er könnte euch irgendwohin verkaufen. Es ist ihm gleichgültig. Wenn es einen anderen Stammesführer hier in Linkøbing gäbe, würde der entscheiden. Und wenn ihr diesem Herrn einen Dienst erweisen würdet, könnte er euch auch einen Gefallen tun. Wenn ihr ihm behilflich wärt, die Herrschaft zu erlangen, könnte er euch nach

Hause schicken, sobald er Stammesführer von Linkøbing geworden wäre. Ich habe euch eure Schuhe mitgebracht.»

Er deutete auf die Schuhe am Boden und fuhr fort: «Ganz gleich, wer Stammesführer von Linkøbing ist, er wird entscheiden, was mit euch geschieht, und ihm müßt ihr dienen.» Er hob die Laterne, so daß sie sein Gesicht sehen konnten. Er hatte wieder die Miene eines weisen Mannes aufgesetzt. «Ihr seid ungewöhnlich. Ihr könnt etwas, das andere nicht können. Ich will euch helfen und euch auch weiterhin beschützen.»

Sydne und Juls hatten bisher nicht das Gefühl gehabt, daß er sie beschützte. Andererseits konnten sie auch nicht behaupten, daß er es nicht tat. Vielleicht stimmte es ja. Ihre Lage war nicht ganz so schlecht, wie sie hätte sein können. Sie könnten ebensogut tot sein oder Hunger leiden, oder gezwungen sein, ohne Stroh und ohne Dach über dem Kopf auszukommen. Vielleicht sollten sie ihm dankbar sein.

«Ich bin der einzige, der euch helfen kann», sagte er. «Nur durch mich könnt ihr Rache an euren Feinden nehmen und die Freiheit wiedererlangen. Denkt darüber nach. Niemand außer mir kann irgend etwas für euch tun. Für alle anderen hier in Linkøbing seid ihr wie Fliegen oder wie eingespannte Ochsen.»

Juls und Sydne sagten kein Wort. Sie fürchteten sich vor ihm.

«Ihr habt Glück. Herjolt hat euch mir überlassen. Zunächst einmal gelten für euch dieselben Gesetze wie für alle anderen Sklaven auch. Ihr dürft nicht ins Wasser und nicht in die Wälder. Ihr dürft auf der Straße gehen, aber nur solange man euch von einem Hof aus sehen kann. Ihr dürft nicht weiter als bis zum letzten Hof gehen. Der gehört meinem Vetter Bywolfa. Er hält ein Auge auf die Straße und die Wälder, und wenn er euch bei Tag oder Nacht an Stellen sieht, wo ihr nicht sein dürft, kann er mit euch machen, was er will. Bei jedem Mann, dem ihr begegnet, müßt ihr denken: ‹Das ist ein Vetter von Thorolf.› Wenn ihr das befolgt, werdet ihr immer das Richtige tun, und ich werde euch weiterhin helfen können.»

Juls und Sydne nickten. Thorolf wandte sich ab und ging hinaus. Sie standen wieder im Dunkeln.

Juls spürte, daß seine linke Hand kalt war, und berührte den Verband. Er war durchnäßt, und die Handfläche stach, als hätte er sich gerade tief geschnitten. Er ging zum Strohlager und tastete nach seiner Decke. Als er sie gefunden hatte, drehte er sich zu Sydne um. «Bist du fertig mit Beten?»

«Ich weiß nicht mehr. Ich glaube schon. Ich habe ihn nicht kommen sehen. Plötzlich ging er an mir vorbei.»

Sie setzte sich neben ihn und rieb den Schmutz von ihren Füßen.

«Zieh deine Schuhe nicht an», sagte Juls.

«Ich habe aber kalte Füße.»

«Rubble sie. Schlag sie in die Decke ein. Du weißt, was Vater immer sagt. Wenn man mit Schuhen schlafen geht, braucht man eine Woche, um die Füße wieder aufzutauen. Ich habe es einmal gemacht, und das vergesse ich nie. Ich glaube, ich verstecke deine Schuhe lieber.»

Sydne wußte, daß er einen Spaß zu machen versuchte, aber sie fand es nicht lustig. Sie dachte an ihren Ringkampf am Strand und wurde rot. «Ich ziehe sie schon nicht an», sagte sie. Dann zögerte sie. «Was, meinst du, will er von uns?»

«Was er gesagt hat. Er will hier der Stammesführer werden.»
«Warum sollte er uns helfen? Warum macht er sich die Mühe, uns die Schuhe zurückzubringen?» Wieder zögerte sie. «Es würde uns nichts nützen, wenn wir ihn unterstützten.»
«Vielleicht aber doch, wenn er gewinnt.»
Sydne schüttelte den Kopf. «Ich will aber keine Rache. Ich will nur nach Hause, aber ich will mich an niemandem rächen.»
«Vielleicht hat er nur so dahergeredet.»
«Ich traue ihm nicht. Er haßt seinen Herrn.»
Juls antwortete nicht. Sie hatte recht. Er legte sich hin. Er wußte nicht, ob er den Verband abnehmen sollte oder nicht. Seine Fingerspitzen waren eiskalt, und der nasse Verband störte ihn.
Sydne rückte näher an ihn heran. «Wie geht es deiner Hand?»
«Die Blase ist aufgesprungen.»
«Du darfst den Verband nicht abnehmen.»
«Meine Hand ist eiskalt.»
«Wickle sie in die Decke ein. Tut es weh?»
«Ein bißchen. Schlaf du ruhig. Ich komme schon zurecht.»
Sydne wußte, daß er noch nicht einschlafen würde, und sie fürchtete, daß er den Verband abnehmen würde, sobald sie eingeschlafen war. Deshalb redete sie weiter. Sie sprachen über die Heimat, über Märkte, über gute Stellen für Beeren, über verschiedene Verwandte, die sie unterwegs besucht hatten. Bei der Aufzählung ihrer Verwandten kamen sie auf dreiundfünfzig – vier mehr, als Juls beim Zeichnen seiner Bilder eingefallen waren. Das gab ihnen ein gutes Gefühl.

Sydne fragte Juls noch einmal nach seinen Schmerzen.
«Tut es noch weh?»
«Ein wenig.»
«Soll ich Augustin holen?»
«Nein, es geht schon.»
Dann hatte Sydne eine Idee, was sie im Sommer tun könnten, und begann, Juls davon zu erzählen, um ihn auf andere Gedanken zu bringen. Sie würden ein Stück proben. Schon morgen könnten sie damit beginnen. Der neue Verband würde nicht stören. Sobald seine Hand geheilt war, würden sie wieder anfangen, zu jonglieren und zu turnen, und eine Vorstellung geben. Sie würden heimlich proben, nachts, wenn alle schliefen. Und wenn die Ernte eingebracht und die Bewohner der Siedlung müde und erholungsbedürftig wären, würden sie das Stück aufführen. Die Leute würden sehen, was sie konnten, und ganz erstaunt sein. Sie würden Herjolt bitten, sie nicht zu verkaufen, weil sie die einzigen Menschen auf der Welt wären, die solch wunderbare Dinge vorführen könnten. Und Herjolt würde sie nicht in den Süden verkaufen, sondern sie behalten. Das einzig Wichtige für sie war, nicht verschleppt und an jemanden verkauft zu werden, der sie vielleicht trennen würde. Und wenn sie sich hier eine Stellung erarbeitet hätten, würden sie in einer dunklen Nacht, wenn die See ruhig wäre und der Wind aus der richtigen Richtung käme und alle Bewohner der Siedlung betrunken von irgendeinem Begräbnisfest wären – dann würden sie mit Augustin in ein Boot steigen und nach England zurückkehren. «Wenn ein Schiff herkommen kann, findet es auch wieder zurück», sagte sie. «Seit wir hier sind, weht der Wind ständig in Richtung Heimat.»
Während sie sprach, wickelte Juls langsam den Verband

ab und legte die Hand unter sein Überkleid, um sie warm zu bekommen. «Du solltest jetzt schlafen», sagte er, als er fertig war. «Mir geht es besser. Deine Idee ist gut.»
«Und deine Hand tut nicht mehr so weh?»
«Es geht besser. Morgen zeige ich sie Augustin und bekomme einen neuen Verband.»
«Laß diesen noch dran», sagte Sydne, und sie schliefen ein.

Am nächsten Morgen legte Augustin Juls einen neuen Verband an. Er war ihm nicht böse, daß er den alten abgenommen hatte. Die Brandblase war aufgeplatzt. Eine schmale rote Linie zog sich um sie herum, aber nichts deutete auf eine Entzündung hin.
Den ganzen Tag arbeiteten sie auf dem Hof von Fryrtig. Sydne verlas Linsen, in denen Mäuse gehaust hatten, und Juls verteilte Dung auf einem Brachfeld. Die Bauern von Linkøbing ließen jedes Jahr ein Viertel ihres Ackerbodens brachliegen, so daß der Boden sich erholen konnte. Juls fragte sich, wo sie das wohl gelernt hatten. Auch in seiner Heimat machten die Bauern es so.
Als sie am Abend die Straße zurückgingen, entdeckte Sydne eine Stelle, an der sie üben konnten. Es war eine flache, mit Gras bewachsene Senke zwischen der Straße und der hohen Felswand des Fjordes, etwa eine halbe Meile von der Siedlung entfernt. Da sie hinter Bäumen und Büschen lag, konnte man sie leicht übersehen. Sie war so tief, daß man es von der Siedlung her wahrscheinlich nicht sehen würde, wenn eine Laterne darin brannte.

Sydne nannte die Senke Amphitheater.
An diesem Abend gingen sie nicht hin – es war Montag nach Sydnes Kalender –, weil es heftig regnete. Statt dessen übten sie im Stall, solange sie noch etwas sehen konnten, und gingen früh schlafen. Aber am Dienstag abend war es klar und mondhell. Die Senke war ein ausgezeichneter Platz zum Üben. Natürlich war es nicht so schön wie daheim, aber schließlich war hier nichts so gut wie zu Hause. Als sie am Mittwoch dort ankamen, wartete Thyri auf sie. Er schlug Purzelbäume aus der Hocke. Es ging sehr langsam. Jedesmal, wenn er nach vorn rollte, machte er ganz leise, fast flüsternd, «Uuufff». Sie standen unter den Bäumen und beobachteten ihn. Sie hatten Angst. Er war der Sohn des Stammesführers, also war es gefährlich, wenn er in ihrer Nähe war.
Nach einigen Minuten betraten sie die Lichtung. Thyri setzte sich auf die Fersen und lächelte ihnen entgegen. Das Band um seine Kappe zog eine dunkle Linie über seine helle Stirn. Sie nickten ihm zu und begannen mit ihren Übungen, ohne ihn weiter zu beachten. Sie schlugen ein paar Purzelbäume und machten einfache Jonglierübungen. Juls konnte seine Hand wieder ein wenig bewegen, weil Augustin die Schiene aus dem Verband entfernt hatte, und er wollte sich vergewissern, daß er noch immer geschickt jonglieren konnte.
Als sie fertig waren, gingen sie grußlos an Thyri vorbei. Er folgte ihnen bis zum Eingang des Stalles, wo er ihnen zum Abschied zuwinkte.
Am Donnerstag abend versteckte sich Thyri hinter den Bäumen. Sydne und Juls hatten gerade angefangen zu jonglieren, da trat er hervor und überreichte Juls eine Holzschachtel. Der Deckel rutschte. In der Schachtel

befanden sich zehn gleich große weiße Steine. Er hatte wahrscheinlich einen ganzen Tag danach gesucht. Thyri stand vor Juls und lächelte bittend. Juls sah ihn an, und sein Herz schmolz dahin. «Danke», sagte er. «Wenn uns ein Herr zu Hause etwas schenkt, spielen wir ihm manchmal etwas vor. Willst du ein Stück sehen? Sollen wir dir ein Stück vorspielen?» Thyri zuckte mit den Schultern. Er hatte nicht verstanden, wovon Juls sprach. Er blickte Sydne an, dann wieder Juls und lächelte.

«Wir können ihm *Die alte Frau und die Maus* vorspielen», schlug Juls vor.

Sydne wollte nicht so recht. Sie hatte dieses Stück lange nicht gespielt; sie war nicht sicher, ob sie alle Schritte noch genau im Kopf hatte, und sie wollte Thyri nicht näherkommen. Aber Juls war schon auf dem Boden und schnüffelte wie eine hungrige Maus herum. Thyri begann zu kichern. Da spielte sie die Rolle der Alten. Es war ein einfaches Stück ohne Erzähler. Eine alte Frau macht Lauch- und Käsesuppe. Sie zerteilt und zerschneidet die Zutaten und merkt nicht, daß eine Maus um ihre Füße herumhuscht und die Krümel frißt. Sie geht zur Feuerstelle, um nach dem Feuer zu sehen. In diesem Augenblick springt die Maus auf den Tisch und stiehlt den Käse. Die Alte sieht die Maus, jagt mit einem Messer nach ihr und erwischt ein Stück ihres Schwanzes. Die Maus sitzt da und weint. Die Frau kehrt zu ihrer Suppe zurück, will den Schwanz hineinwerfen, geht dann aber zu der Maus und tauscht den Schwanz gegen den Käse ein.

Sie spielten das Stück schnell durch. Am Ende lachte Thyri herzhaft. Er erinnerte Sydne an ein kleines Kind, das gekitzelt wird, und Juls dachte dabei an den Priester in Stanwold, der immer in der ersten Reihe stand, um ja nichts zu verpassen. Als Thyri aufhörte zu lachen, bedankte sich Sydne bei ihm für die Jongliersteine. Dann gingen alle drei unter den Bäumen hindurch auf die Straße. Dort stand Thorolf. Sein kahler Kopf glänzte hell im Mondlicht. Sydne bekam plötzlich kalte Hände und Füße.

«In Linkøbing schlafen schon alle», sagte er. «Sie bereiten sich auf den morgigen Arbeitstag vor.»

«Wir müssen in Übung bleiben», erklärte Juls ihm. «Sonst vergessen wir, was wir wissen. Das hat uns unser Vater gesagt.»

«Väter geben immer noch die besten Ratschläge», sagte Thorolf. «Weiß Herjolt, wo ihr seid oder wo sein Sohn ist?»

«Nein», sagte Juls. «Wir dachten, wir könnten unsere eigene Arbeit ruhig nach Einbruch der Dunkelheit machen, wenn niemand etwas von uns will. Thyri war schon hier, als wir kamen.»

Thorolf sagte nichts. Schweigend standen sie eine Weile vor ihm, dann wünschten sie ihm eine gute Nacht und gingen die Straße hinunter ins Dorf. Auf halber Strecke, an einer Stelle, an der die Straße eine Biegung machte, wurde Thyri langsam, hielt an und stand einen Augenblick reglos da. Dann begann er an Schultern, Kopf und Armen zu zittern. Er preßte die Kiefer fest aufeinander, sog durch die Zähne Luft ein und stieß seltsame Geräusche aus. Sydne ging zu ihm, legte die Arme um ihn und hielt ihn so lange fest, bis das Zittern nachließ. Es dauerte lange. Dann setzten sie ihren Weg fort. Sobald sie das Tor durchschritten hatten, lief Thyri eilig zu seiner Hütte. Juls und Sydne gingen hinaus zu der Grube und kehrten wortlos zum Stall zurück. Die Luft war sehr kalt, fast wie im Winter, und ein starker Wind wehte.

Für gewöhnlich betete Sydne lieber an Stellen, wo sie den Himmel sehen konnte, aber heute abend mußte sie sich überwinden, am Eingang stehenzubleiben, um zu beten. Die ganze Zeit mußte sie an Thorolf denken. Sie spürte, daß er irgendwo dort draußen in der Dunkelheit stand und sie beobachtete. Sie betete nicht lange.

Es war fast Ende April. Die Tage wurden länger und die Nächte kürzer. Die Dämmerung dauerte hier noch länger als in England, und trotz der Kälte blieben die Menschen draußen, bis es fast stockdunkel war. Im Juni würde es schwierig werden für sie und Juls, so lange wachzubleiben, bis es richtig dunkel war, dann zu üben und dennoch genug Schlaf für den nächsten Tag zu bekommen. «Ich weiß, was wir tun müssen», sagte sie und setzte sich neben Juls. «Wir müssen uns gleich nach der Arbeit hinlegen und schlafen, solange es draußen noch dämmert. Dann müssen wir mitten in der Nacht aufstehen, wenn alle schlafen, und zum Amphitheater gehen. Auf diese Weise wird uns niemand sehen, nicht einmal Thorolf.»

Juls gefiel der Gedanke. Es würde Spaß machen, mitten in der Nacht aus dem Tor zu schleichen und als einzige noch wach zu sein. «Und was ist mit Thyri?»

«Ich weiß nicht.»

«Er wird es herausbekommen, weil er uns beobachtet.»

In der folgenden Nacht taten sie, was sie besprochen hatten. Sie kehrten nach der Arbeit zu ihrem Stall zurück, legten sich hin und schliefen. Ein paar Stunden später weckte Sydne ihren Bruder, und sie gingen zum Amphitheater und übten. Ein paar Hunde wachten jede Nacht auf, aber nach einer Woche knurrten sie nur noch, und ein Welpe, der mit ihnen hierher gekommen war und sich noch an sie erinnerte, blaffte jeweils kurz. Alle Hunde fühlten sich inzwischen in Linkøbing zu Hause, auch die Hündin.

Es war, als lebten sie in zwei Welten, einer Tageswelt, in der sie tun mußten, was ihnen aufgetragen wurde, und einer Mondscheinwelt, in der sie die Arbeit verrichteten, die sie selbst sich auferlegt hatten. Manchmal fiel es schwer, um Mitternacht aufzustehen, aber es lohnte sich immer. Wenn sie in ihrem Amphitheater waren, lag Linkøbing fast so weit weg wie England.

In einer Nacht Anfang Juni stand Thyri plötzlich von seinem Sitzplatz auf und bat sie, das Stück von der alten Frau und der Maus noch einmal zu spielen. Noch bevor sie ja oder nein sagen konnten, krabbelte er auch schon um Sydne herum, schnüffelte im Gras und an ihren Füßen und knabberte an eingebildeten Käsestückchen. Sydne begann, die Rolle der Alten zu spielen, und sie spielten das ganze Stück. Die Vorstellung dauerte ein wenig länger als zu Hause, weil Thyri immer dasselbe machte, aber er erinnerte sich an alle Einzelheiten der Geschichte, und er sah wirklich wie eine Maus aus.

Auf dem Rückweg nach Linkøbing sprang Thyri wie ein junger Hund um sie herum, so glücklich war er. Sydne, die in der Straßenmitte ging, war verängstigt und wütend. Unaufgefordert hatte sich Thyri in den einzig wichtigen Bereich ihres Lebens gedrängt.

Eine Woche darauf ließ Thorolf sie holen. Es war Morgen, und sie warteten auf dem Hof von Fryrtig darauf, daß man ihnen die Arbeit für den Tag zuteilte. Da kam ein Junge und teilte Brands Vater mit, Thorolf wünsche sie sofort auf dem Hof von Bywolfa zu sehen. Der alte Fryrtig blickte Juls und Sydne an, dann wieder den

Jungen. «Nimm sie mit», sagte er. «Aber sie gehören wieder uns, wenn er mit ihnen fertig ist.»
Der Junge nickte und machte sich auf den Weg; Sydne und Juls folgten ihm. Er führte sie fast eine Meile die Straße entlang, bog dann nach links in einen Karrenweg ein, der durch ein schmales Weidestück führte. Am Ende dieser Weide ging er bergab, der Weg machte hier eine Biegung und endete bei einem großen, schlammigen Hofplatz. Auf der einen Seite stand ein Haus, auf der anderen eine Scheune, ein paar Schuppen und ein Stall. Hinter dem Hof stieg das Land an. Dort stand ein großer Brunnen auf einer Wiese. Im Hof selbst herrschte ein völliges Durcheinander. Überall lag Gerümpel herum. Nichts war aufgestapelt oder aufgeschichtet oder aufgereiht. Es war nicht zu erkennen, was noch benutzt wurde und was Abfall war.
Sydne und Juls folgten dem Jungen bergab. Sie versuchten die Stellen zu meiden, wo der Schlamm tief war. Als sie den Hof zur Hälfte überquert hatten, erhob sich ein unförmiger Klumpen aus einem Schlammloch, grunzte und lief davon. Der Junge trat nach dem Tier, verfehlte es aber. Er wies auf den Brunnen. «Mein Vater sagt, ihr sollt da oben warten, bis Thorolf kommt», sagte er und stapfte ins Haus.
Am Brunnen angekommen, schauten sie zurück über den Hof. Hinter der Scheune sahen sie zwei Männer, der eine klein und dick, der andere groß und dünn. Der Dünne hielt dem Dicken auf einem Holzklotz ein Stück Holz hin, und der Dicke versuchte, es mit einem schweren Hammer und einem Keil zu spalten.
Sydne und Juls sahen den beiden eine Weile zu. Sie vermuteten, daß Thorolf im Haus war und in Kürze auftauchen würde. Aber er kam nicht. Nach geraumer

Zeit sahen sie ihn den Karrenweg herunterkommen. Er überquerte den Hof und kam lächelnd auf sie zu. «In dem Bach da hinter euch hat sich ein Damm gebildet, der das Wasser aufstaut. Das Bachbett muß gesäubert werden.» Er nahm ein Messer aus seinem Gürtel und deutete damit auf ein Rinnsal hinter dem Brunnen. «Holt euch Schaufeln aus der Scheune und entfernt den Dreck bis zu dem Fluß dort unten. Jedes Jahr im Frühling wird der Hof überschwemmt.»

Sydne und Juls sahen sich an. Sollten sie das jetzt machen? Der Hof war in diesem Jahr doch schon überflutet worden, und der Bach war wieder in sein Bett zurückgekehrt. Die rechte Zeit für diese Arbeit wäre eigentlich der nächste Frühling.

«Ihr werdet arbeiten, bis es dunkel ist», sagte Thorolf. «Wenn ihr nichts mehr sehen könnt, wartet hier am Brunnen auf mich. Ihr werdet heute nicht fertig mit der Arbeit. Die Strecke von hier bis zu der Stelle, wo der Bach in den Fluß mündet, ist zu lang. Ihr werdet hier zu Abend essen und so lange bleiben, bis ich komme.» Er wandte sich um und ging zurück zum Haus, wo er im Schlamm vor der Tür beinahe ausrutschte. Dann verschwand er im Innern. Sydne und Juls holten sich Schaufeln aus der Scheune. Die beiden Männer mühten sich immer noch mit demselben Holzscheit ab.

Die Geschwister wußten nicht, ob sie den Bach nun tiefer ausheben sollten oder ob sie nur Schlamm, Stöcke und Steine entfernen sollten. Er war jetzt ein seichtes Gewässer, in dem die Strömung so gering war, daß das Wasser von der Sonne erwärmt wurde. Sie beschlossen, ihn so zu lassen und nur die Stellen zu säubern, wo er verstopft war. Ohne größere Unterbrechungen und nahezu wortlos arbeiteten sie bis zum Einbruch der Dunkelheit. Das Abendessen wurde ihnen in einer schmuddeligen Schüssel gebracht, aber es schmeckte besser als das Essen, das sie auf dem Fryrtig-Hof bekommen hatten. Als es Zeit war aufzuhören, hatten sie schon wieder Hunger und Durst. Sie gingen zum Brunnen, ließen den Eimer hinab und tranken in gierigen Zügen.

Thorolf ließ sie warten. Sydne wollte über Thyri sprechen, aber sie fürchtete sich davor. Sie saßen lange schweigend da. Die nächtlichen Geräusche kamen ihnen vertraut vor; es wehte eine warme Brise, und die Luft roch gut. Endlich kam Thorolf. Er stellte sich vor Sydne und Juls und forderte sie auf, sich auf den Brunnenrand zu setzen. Er hatte seine weise Miene aufgesetzt. «Ihr übt jetzt mitten in der Nacht. Das weiß ich. Manchmal schaue ich euch zu. Ihr sollt im September zu unserem Erntedankfest eine Vorstellung geben. Den Zeitpunkt bestimme ich. Ihr werdet ein wenig jonglieren und ein paar Kunststücke vorführen, um die allgemeine Aufmerksamkeit auf euch zu lenken. Dann werdet ihr eine Geschichte spielen, und in dieser Geschichte werdet ihr Herjolt und seinen Sohn verspotten.»

«Ich weiß nicht, ob wir uns eine solche Geschichte ausdenken können», sagte Sydne, obwohl sie wußte, daß es nicht stimmte.

Thorolf-Graubraue sah Juls an. «Du kannst es», sagte er. «Ihr werdet feststellen, daß es leicht ist, wenn ihr erst einmal damit begonnen habt.» Er sah Sydne wieder an. «Einer von euch spielt die Rolle des Herjolt – das machst du am besten – und der andere Thyri – wie er seinen Kopf hängen läßt, sabbert, herumhüpft, mit dem Mund nach Mücken schnappt.»

«Macht Thyri das?» fragte Juls.

Thorolf blickte ihn an mit dem Lächeln eines Fuchses,

der einem Huhn begegnet. «Alle werden wissen, wen ihr verspottet», sagte er. «Auch wenn ihr euch nicht genauso verhaltet wie er.»
Juls blickte über Thorolfs Schulter und sah im Mondschein eine Fledermaus, die in Richtung Straße davonflog.
«Ihr werdet folgendes tun», sagte Thorolf. «Sydne holt ein Paar grüne Handschuhe hervor – ich werde sie euch an dem Abend geben –, und Juls erzählt eine Geschichte von einem gewissen Stammesführer. Alle werden wissen, wer gemeint ist. In der Geschichte, die nicht einmal lang sein muß, liegt dieser Stammesführer im Sterben und reicht seine Handschuhe an den Sohn weiter. Der Sohn nimmt sie an sich und tanzt überall herum. Er führt sich noch verrückter auf als sonst, und sein Vater lächelt dazu. Dann fällt der Vater tot um.» Er blickte Sydne an. «Das kannst du. Einfach umfallen. Dann werde ich die beiden töten und euch nach Hause zurückbringen. Ich werde das Schiff eigenhändig segeln. Ihr habt schon gesehen, daß ich so gut damit umgehen kann wie kaum einer. Und ich halte meine Versprechen.»
Eine Weile war es still. Nach Hause. Wieder nach England zurückkehren. Diese Worte machten Juls fast schwindlig und ließen Sydnes Herz höher schlagen. Für einen kurzen Augenblick fühlten sie sich unter dem dunkler werdenden Himmel fast wie zu Hause.
Juls war der erste, der den Zauber brach. «Ihr würdet Thyri töten?»
Thorolf lächelte. Seine buschigen grauen Augenbrauen hoben sich, so daß seine Augen sehr groß aussahen. «Wollt ihr ihn haben? Ihr könnt ihn als euren Sklaven mitnehmen. Das überlasse ich euch. Er gehört euch, sobald ihr Herjolt vor aller Augen verspottet habt. Und

ihr seid vollkommen sicher. Ich werde mich die ganze Zeit über nicht weiter als eine Messerlänge von Herjolts Stuhl entfernen. Sobald sie ihn auslachen, wird ihm niemand mehr gehorchen. Herjolts Ehre wird im Nu dahinschwinden, schneller, als ein Vogel durch ein Haus fliegt.»

Juls nickte. Er wußte, daß Thorolf recht hatte. Wenn sie oft genug und sorgfältig probten, konnten Sydne und er jeden Menschen als Dummkopf hinstellen. Thorolf wandte sich an Sydne. «Natürlich könntet ihr mich jetzt belügen und so tun, als wärt ihr einverstanden, und heute nacht noch ins Gemeinschaftshaus gehen und Herjolt wecken, ihm erzählen, daß ich euch gebeten habe, ihn zu verspotten. Er wäre vielleicht überrascht, aber er würde euch glauben. Ihr macht einen ehrlichen Eindruck. Außerdem würde ein Sklave nie auf den Gedanken kommen, eine solche Geschichte zu erfinden. Es bliebe ihm also nichts anderes übrig, als euch Glauben zu schenken. Er würde euch daher entweder töten, damit die Geschichte nicht herauskommt, oder er würde euch morgen bei Sonnenaufgang in einen Wagen packen und mich damit beauftragen, euch an die Küste zu bringen und euch für einen Winterpreis zu verkaufen. Ich würde nicht zurückkehren, wenn ich mit euch fertig wäre, dessen könnt ihr sicher sein. Also würden wir drei zusammen für immer von hier fortgehen, und natürlich wäre ich sehr böse auf euch und müßte mir eine Bestrafung überlegen.»

Er hob die Hand und tätschelte Sydne zweimal mit dem Handrücken unter dem Kinn. «Du magst Herjolts Jungen? Vielleicht auch nicht. Immerhin könntet ihr ihn als Sklaven benutzen. Ich sehe schon, daß du den Jungen nicht gern tot sehen würdest. Ich auch nicht.»

Er legte ihnen die Hände auf die Schultern. Er hätte sie mit Leichtigkeit in den Brunnen stoßen können. Er sah Juls an. «Frag Brand. Er mag dich. Frag ihn, und er wird dir sagen, daß ich mein Wort halte. Ich weiß, daß er mit euch spricht. Der ärmste ist selbst fast ein Sklave in seiner Familie. Das kommt daher, daß er der Jüngste ist. Aber ganz gleich, worüber ihr mit ihm redet, ihr dürft ihm nicht verraten, was ich euch gesagt habe. Und Augustin darf es auch nicht wissen. Niemand. Wir drei sind die einzigen. Wenn jemand zu mir kommt, und ich merke, daß er unseren Plan kennt, ist es eure Schuld, und dann werden Brüderchen und Schwesterchen nicht lebend hier herauskommen. Morgen werde ich eine Lampe zu der Senke bringen, damit ihr beim Proben besser sehen könnt. Wenn nicht, bin ich ein Lügner.»
Er langte in seine Tasche, zog etwas hervor, das in ein Tuch gewickelt war und gab es Sydne. «Habt ihr schon einmal Feigen gegessen? Sie wachsen im Süden. Die meisten Menschen hier in Linkøbing haben noch nie welche gesehen. Ganz bestimmt keine Frau. Ich schenke sie euch. Von heute an seid ihr für mich nicht länger Sklaven, sondern Freie. Auch das ist unser Geheimnis. Wenn ich mit euch zurück nach England segle, werdet ihr wissen, was es bedeutet, mit mir verbündet zu sein.»
Er trat zurück, immer noch mit dieser weisen Miene, als blickte er von der Höhe eines Berges auf sie herab. «Ich werde morgen wieder mit euch plaudern, so daß wir noch mehr besprechen können.» Er wandte sich um, überquerte den Hof, ging auf der anderen Seite zum Karrenweg und verschwand.
Sydne überlief ein Schauer. Sie hatte die Feigen zerdrückt, und das Tuch klebte an ihrer Hand. Sie streckte

das Bündel Juls hin. «Hier», sagte sie, «nimm du sie.» Er öffnete das Tuch, nahm eine Feige heraus und aß sie. «Schmeckt gut. Sie sind nicht mehr allzu frisch, aber sie schmecken gut. Wie Maulbeeren mit Honig.»
Sie gingen zur Scheune, versuchten, nicht im Schlamm zu versinken, und stellten ihre Schaufeln dort ab. Dann folgten sie dem Karrenweg zur Straße. Es war so dunkel, daß sie immer wieder vom Wege abkamen und ins hohe Gras gerieten. Als sie die Straße erreicht hatten, gingen sie langsam auf die Siedlung zu, ohne ein Wort zu sagen. In Höhe des Fryrtig-Hofes fing Sydne an zu reden. «Thorolf ist der Onkel von Herjolt. Was muß er für ein Mann sein, wenn er seinen Neffen tötet?» Sie schwieg. «Ich will mit Augustin reden», sagte sie dann. «Es ist schon spät. Wahrscheinlich schläft er schon», sagte Juls.
Sydne gab keine Antwort. Vor ihnen ging der Mond auf. Das Amphitheater, das noch im Schatten lag, beachteten sie nicht.
«Möchte wissen, was Mutter und Vater gerade machen», sagte Juls. «Ob wir schon einen neuen Wagen haben?»
Sydne schaute in den Himmel und seufzte tief. «Augustin weiß, wie diese Leute sind», sagte sie.
Sie erreichten den Erdwall und traten durch das Tor. Sie hatten Linkøbing schon oft bei Nacht gesehen, aber heute war es so still und das Mondlicht so fahl, daß die Siedlung wie ausgestorben wirkte.
«Ich gehe zu Augustin», sagte Sydne. Und bevor Juls ihr etwas entgegnen oder sie bitten konnte, ihn mitzunehmen, wandte sie sich nach links und ging um den Schweinestall herum zu Augustins Schuppen. Sie bückte sich, streckte den Kopf durch die Tür aus Schaf-

fell und rief seinen Namen. Sie hörte, wie er sich sofort aufrichtete, und fragte ihn, ob sie eintreten und mit ihm reden könne. Er machte ihr Platz, daß sie sich ans Fußende setzen konnte.

Sydne erzählte ihm, wie sie das Amphitheater gefunden hatten und jede Nacht hingegangen waren, wie Thyri aufgetaucht war und die Maus gespielt hatte, und wie ängstlich sie gewesen war, und wie schrecklich es war, daß sie nicht einmal nachts einen Ort nur für sich hatten.

«Als Sklave», sagte Augustin, «hat man keinen sicheren Zufluchtsort. Thyri hat euch gefunden. Seid froh, daß es nicht jemand war, der euch schaden könnte. So einer wie Thorolf.»

Sydnes Herz schlug schneller. Sie wollte ihm von Thorolf erzählen, aber sie konnte nicht. Wenn er wüßte, was Thorolf von ihnen verlangte, wäre es gefährlich für ihn, vor allem wenn etwas schiefging.

«Ich hasse Thyri nicht», sagte sie.

«Es liegt dir überhaupt nicht, jemanden zu hassen.»

«Ich weiß nicht. Zumindest ihn könnte ich nicht hassen, das weiß ich. Aber ich habe Angst vor ihm. Er erinnert mich daran, daß wir Sklaven sind. Und nicht nur das. Es ist, als habe er eine ansteckende Krankheit. Ich weiß, daß es nicht stimmt, aber ich habe trotzdem das Gefühl.»

«Ganz gleich, was du fühlst, ihr seid Sklaven», sagte Augustin. Er streckte eine Hand aus, berührte ihren Arm und legte seine Hand auf ihre Hand. «Das ist dir noch nicht in Fleisch und Blut übergegangen.» Er zog die Hand zurück. «Auch Juls nicht. Juls weiß es kaum. Ich will dir sagen, was zu tun ist. Entweder ihr bezieht Thyri in eure Kunststücke mit ein, oder ihr geht nicht mehr ins Amphitheater. Und wenn ihr euch dazu ent-

schließt weiterzumachen, müßt ihr einen Weg finden, es seinem Vater zu sagen.»
Sydne schüttelte den Kopf. «Wenn wir nicht mehr üben, vergessen wir, was wir können. Wir werden dann wie die Sklaven zu Hause. Das einzige, was wir dann noch wüßten, wäre das, was unsere Herren uns lehren.»
Sie schwiegen. Dann zog Augustin die Beine an sich. Wahrscheinlich begann er zu frieren. «Was bereitet dir sonst noch Kummer?»
«Nichts.»
«Was ist denn heute abend vorgefallen? Du kannst nicht lügen, Mädchen. Irgend etwas ist heute geschehen.»
«Ich kann es dir nicht sagen», wich Sydne aus. «Es ist nichts gegen dich.»
Wieder schwiegen sie. Dann sprach Augustin mit sehr ernster Stimme: «Ich möchte dich warnen. Wegen Juls. Ich habe es schon gesagt. Er weiß noch nicht, daß er ein Sklave ist. Er ist jung und unbekümmert. Im günstigsten Fall bezieht er eine Tracht Prügel; dann hat er es gelernt. Gib acht, daß er nicht eine große Dummheit begeht, die dazu führt, daß er von dir getrennt und verkauft wird. Geh jetzt schlafen.»
Sydne wünschte ihm eine gute Nacht. Sie war völlig erschöpft und fragte sich, ob sie um Mitternacht aufwachen würde, um zum Amphitheater zu gehen oder ob sie bis zum nächsten Morgen durchschlafen würde.
Juls war noch wach, als sie sich hinlegte. Er hatte eine Idee. «Ich weiß, was wir machen», flüsterte er ihr ins Ohr. «Wir verspotten nicht Herjolt, sondern Thorolf. Wir müssen einen Weg finden, wie wir das machen. Was meinst du?»
«Ich weiß nicht», sagte Sydne. Angst schnürte ihr die Kehle zu.

Sie hatte die Stärke eines reinen Gemüts,
ein ruhiges, gottergebenes Herz,
anmutig war sie von Anbeginn,
nie kam ihr Böses in den Sinn.
Bereit zu leiden, nicht zu streiten,
froh in Gott, war sie Gott eine Freude.

Diese sechs Zeilen über die Königstochter in dem Stück *Des Königs Reue* gingen Juls nicht aus dem Kopf, als er am nächsten Morgen aufwachte. Es wurde gerade hell draußen, und ein kalter Wind wehte durch die Ritzen der Stallwand. Er zog die Decke fester um sich, drehte sich auf die linke Seite, schloß die Augen und versuchte, wieder einzuschlafen.
Dann wußte er plötzlich, warum er an diese Zeilen dachte. Sie paßten genau auf Thyri.

Nie kam ihr Böses in den Sinn,
bereit zu leiden, nicht zu streiten.

Er setzte sich auf und versuchte, auf dem Stroh kein Geräusch zu machen, um Sydne nicht aufzuwecken. Er dachte an das Stück, das sie im September aufführen sollten. Sie würden Thorolf verspotten statt Herjolt. Das war die einzige Möglichkeit, Thyri vor dem sicheren Tode zu bewahren. Sie würden das Stück *Des Königs Reue* so verändern, daß es auf Herjolt und Thorolf und Thyri zutraf. Sydne würde Herjolt spielen, Thyri sich selbst, und er, Juls, wollte Thorolf sein. Statt eines bösen Kaufmanns, der die Königstochter stehlen will, würde es einen bösen Mann geben, der seinen Stammesführer töten und dessen Sohn in die Sklaverei schicken will, um selbst Stammesführer zu werden.

Juls konnte sich das Stück gut vorstellen. Sie würden es abends aufführen; bei Vollmond, an einem klaren, kalten Septemberabend während des Erntedanks, an dem der Wind zum Fjord hin wehen und ein Freudenfeuer vor dem Gemeinschaftshaus brennen würde. Kurz nach Einbruch der Dunkelheit würde das Fest beginnen. Zunächst wären Ringkämpfe, Speerwerfen, Gewichtheben an der Reihe. Anschließend würden die Geschwister auftreten und mit ihren Kunststücken alle in Erstaunen versetzen. Zunächst würden sie zu ebener Erde jonglieren und turnen. Die Menschen würden zurücktreten und ihnen Platz machen. Dann würden sie mitten in ihrer Vorstellung auf die Bühne springen. Juls zuerst. Bis zu diesem Zeitpunkt würde er einen Hut tragen. Sobald er auf der Bühne wäre, würde er ihn absetzen. Sein glattrasierter Kopf würde im Feuerschein glänzen, kahl und hell. Die Zuschauer würden die Luft anhalten. Das ist ja Thorolf! Sydne würde neben ihm auf die Bühne springen und die grünen Handschuhe anziehen. Herjolt!

Im Publikum würden der richtige Thorolf und der richtige Herjolt, nur eine Messerlänge voneinander entfernt, sich nach vorn beugen und nicht wissen, was sie erwartete, erstaunt und gespannt. Und dann würde zum Erstaunen aller auch Thyri noch auf die Bühne neben Sydne kommen und sich selbst spielen, während Juls ins Publikum blicken und die ersten Zeilen sprechen würde.

Vor langer, langer Zeit, in einer gottlosen Welt,
als die Liebe Christi noch nicht verkündet war,
lebte einst ein tapferer König,
dessen einziger Sohn, ein gutes Kind,

den Blick eines bösen, kaltblütigen Mannes auf sich gezogen hatte.

Sie würden weiterspielen, und am Ende wäre Thorolf in Ungnade gefallen und würde wie ein Dummkopf dastehen. Herjolt würde ihnen aus Dankbarkeit jeden Wunsch erfüllen, und Sydne würde sich vor ihm verbeugen und darum bitten, nach Hause zurückkehren zu dürfen.

Ganz leise stand Juls auf – mit klopfendem Herzen und einem Lächeln auf dem Gesicht. Er ging hinaus und schlenderte ans Ufer. Es war einfach. Sie würden das Stück so verändern, daß es auf Herjolt und Thorolf und Thyri zutraf. Das war der erste Schritt. Dann würden sie es proben. Schließlich würden sie es aufführen, und Thorolf würde verspottet werden und in Ungnade fallen. Dann würde Herjolt sie belohnen.

Er beobachtete einen Schwarm Fische. Wahrscheinlich waren sie in der Nacht mit der Flut in den Fjord gekommen. Die Fische schossen hin und her und suchten nach einem Weg ins offene Meer. An einigen Stellen war der Schwarm so dicht, daß die Wasseroberfläche fast schwarz war. Ein Fisch sprang nur wenige Schritte vom Ufer entfernt aus dem Wasser, ein anderer flog nicht weit von Juls an Land und zappelte dort auf den Steinen, bis Juls hinüberging und ihn mit dem Fuß wieder ins Wasser schob. Er blickte auf. Es war noch früh am Morgen. Die Sonne hatte noch nicht die Bäume am oberen Rand der Felswände erreicht. Er beschloß, Sydne trotzdem schon zu wecken. Als er sich umdrehte, sah er Herjolt aus Thyris Hütte treten. Ihre Augen trafen sich für einen Moment. Dann schlug Juls die Augen nieder. Herjolt wandte sich ab und ging zum Gemeinschaftshaus hinüber.

Juls kehrte zum Stall zurück.
Sydne war schon wach. Aber Juls erwähnte nicht, daß er Herjolt gesehen hatte. Sie gingen zu Augustin und aßen ihr Frühstück. Augustin sah schlecht aus.
Danach gingen sie hinaus zum Bywolfa-Hof, um ihre Arbeit an dem Bach zu beenden. Juls arbeitete härter denn je, hob das Bachbett tiefer aus als nötig. Er wollte nicht nachdenken. Er hatte alles so klar und deutlich vor sich gesehen, als er heute morgen aufgewacht war. Er war sich so sicher gewesen, daß Sydne dem Plan zustimmen würde. Jetzt war er unsicher geworden. Sie würde Thyri zwar retten wollen, aber ob sie auch bereit wäre, ihn als Mitspieler anzunehmen?
Zwischen dem Abendessen und der Dämmerung kam Thorolf. Er setzte einen Fuß auf einen großen Stein neben dem Bach, forderte sie auf weiterzuarbeiten und begann, ihnen von Kronhengst zu erzählen. «Er war ein großartiger Mann», sagte er. «Natürlich haßt ihr ihn und seid froh, daß er tot ist. Schließlich hat er euch aus der Heimat entführt.» Er blickte Juls an. «Aber du könntest dir ein Beispiel an ihm nehmen. Er war tapfer, klug und gastfreundlich, und er war ein Meister der Gerechtigkeit. Er wußte, wie man sich für jede Art von Beleidigung zu rächen hat.» Juls dachte an den Abend, an dem Kronhengst sie gezwungen hatte, vor ihm auf dem Strand niederzuknien – der Sand war sehr kalt gewesen, er wußte es noch genau – und miteinander zu ringen, nur weil er sich vergnügen wollte. Er spürte wieder den Druck des Schuhs auf seiner Brust, als dieser Mann ihn in den steinigen Sand gestoßen hatte.
«Wenn er nicht tot umgefallen wäre», sagte Thorolf, «hätten wir jetzt einen anderen Stammesführer, und Linkøbing wäre stärker. Im Gemeinschaftshaus würde

nicht ein Mann sitzen, der Angst vor ein paar Bildzeichen in den Stulpen eines anderen hat. Wir hätten einen Stammesführer, der gewöhnliche Sklaven von solchen mit besonderen Fähigkeiten unterscheiden könnte.»

Juls und Sydne schaufelten weiter.

«Habt ihr euch das Stück ausgedacht, meine heimlichen Freien?»

«Die Geschichte, die Ihr uns gestern erzählt habt, müssen wir vielleicht ein wenig ändern, wir wollen sie länger machen und andere Sachen einbauen», sagte Juls.

«Je länger ihr Herjolt verspottet, um so besser. Ich will, daß jeder Mann, jede Frau und jedes Kind in Linkøbing lacht, wenn sie ihn tot auf dem Boden sehen. Ich will keine Klagen hören, wenn wir ihn beisetzen. Außer von seinem Sohn, natürlich.»

Juls machte ein unschuldiges Gesicht und sah ihn an. «Vielleicht sollten wir Thyri in das Stück miteinbeziehen.»

Thorolf lächelte. «Das überlasse ich euch», sagte er. «Und wenn ihr fertig seid, auf nach England, damit ihr rechtzeitig zu eurem Winterfest dort seid.»

«Weihnachten», sagte Sydne.

«Es ist mir gleich, wie ihr es nennt. Ihr werdet rechtzeitig dort sein. Ich habe eine Laterne auf den großen schwarzen Stein bei der alten Eiche gestellt. Und ich habe ein Kohlenbecken zu eurem Stall gebracht, damit ihr Feuer hintragen könnt. Ihr seht, ich halte mein Wort.» Er lächelte wieder. «Und ich habe noch ein Geschenk für euch. Neben dem Kohlenbecken liegt ein Lederbeutel mit Holzkugeln in zwei verschiedenen Farben, gold und grün. Ihr könnt sie behalten. Freie sollten das, was sie für ihre Arbeit brauchen, besitzen. Wo ist mein Vetter?»

«Ich glaube, im Haus», sagte Juls.
«Ich habe ihm gesagt, er soll dafür sorgen, daß ihr gut und ausreichend zu essen bekommt, damit ihr bei Kräften bleibt. Hat er das getan?»
Juls nickte. «Es war sehr gut», sagte er.
Wieder lächelte Thorolf. Dann sagte er etwas, das sie nicht verstanden, und verließ sie. Sydne und Juls arbeiteten schneller. Sie wollten fertig werden, deshalb schaufelten sie so lange, bis es zu dunkel war und sie nichts mehr erkennen konnten.
Auf dem Rückweg sagte Juls, er wolle sofort entscheiden, was sie nun tun sollten.
Sydne schüttelte den Kopf. «Es ist ungerecht», sagte sie.
«Was?»
«Daß wir Sklaven sind. Daß wir entscheiden müssen, welchen Herrn wir verspotten sollen, auch wenn wir niemanden verspotten wollen.»
Schweigend legten sie den Rest des Weges nach Linkøbing zurück. Als sie das Tor durchschritten, sagte Sydne, sie wolle nach Augustin sehen. Juls schwieg und ging zum Fjord hinunter. Das war nun schon der zweite Abend, an dem sie sich stritten und vor dem Schlafen auseinandergingen. Beide erkannten es, und beiden bereitete es Kummer, aber keiner sagte etwas.
Als Sydne zu Augustin kam, saß er an der Seite seines Schuppens und schürte das Feuer. Er sah schrecklich aus. Das Auge auf der schlimmen Gesichtshälfte sah noch trüber aus und hing noch weiter herab als sonst, und sein Gesicht war kreideweiß. Sie kniete sich neben ihn und fragte, wie es ihm gehe. Er versuchte, sich ein wenig aufzurichten. «Irgend etwas hat mich gepackt», sagte er. «Es geht wieder weg, wenn der Südwind aufhört.»

«Hast du ein Mittel dagegen?»
«Sobald ich aufstehen kann», sagte er, «mache ich Tee. Darum schüre ich das Feuer. Mach dir keine Sorgen. Ich werde schon nicht sterben.»
Seine Hände lagen auf dem Boden, mit den Handflächen nach oben, und der Stock, mit dem er das Feuer geschürt hatte, lag neben seinem Bein. Sydne nahm seinen Wasserkessel. «Ich werde Wasser zum Kochen holen», sagte sie. «Du solltest lieber reingehen und dich hinlegen.»
Er nickte. «Gleich.»
Sie ging zu der Stelle, an der das hölzerne Wasserrohr aus dem Erdwall ragte, und ließ etwas Wasser in den Kessel laufen. Auf dem Weg dorthin dachte sie an Juls. Sie wußte, daß er ihr böse war. Sie schämte sich dafür. Sie hätte mehr zu seinem Plan für das Stück sagen sollen. Sie hätte ihm sagen sollen, daß es eine großartige Idee war. Er hatte recht. Sie mußten es so machen, sie mußten sich auf eine Seite stellen und sich entscheiden: entweder Herjolt oder Thorolf. Aber sie wollte einfach nicht vor die Wahl gestellt werden, wenn beide Möglichkeiten sie verletzen, sie trennen, ja, vielleicht sogar töten konnten. «Jesus», sagte sie, während der Kessel sich mit Wasser füllte, «bitte, laß Juls keine Dummheit machen. Mich auch nicht.» Ihr fiel ein, daß Augustin sie in der vergangenen Nacht gewarnt hatte, Juls sei vielleicht im Begriff, etwas zu tun, was ihm Prügel einbringen würde.
Als sie zur Scheune zurückkehrte, war Augustin nicht mehr da, aber sobald sie den Topf auf das Feuer gestellt hatte, bog er um die Scheunenecke und gesellte sich wieder zu Sydne. Er setzte sich langsam hin. «Ich habe nach meinen Kindern gesehen.»

Er sagte ihr, welches Kraut er aufbrühen wollte und in welcher Schachtel sie es finden würde. Sie ging in seinen Schuppen und brachte es heraus. Dann setzte sie sich, schob den Kessel weiter zur Mitte des Feuers und wartete.

«Welcher Tag ist heute?» fragte Augustin.

«Dienstag.»

«Hast du den Sonntag heilig gehalten?»

«So gut ich konnte. Wie viele Blätter soll ich in das Wasser werfen? Der Kessel ist halb voll.»

«Vier. Mach sie klein. Hast du für mich gebetet?»

Sydne war verwirrt. «Ja.»

«Was hast du Jesus über mich erzählt?»

«Daß du schwer arbeitest. Daß du gut zu deinen Schweinen bist. Daß du das Kreuz kennst. Daß du freundlich bist.»

«Hast du dafür gebetet, von hier fortzukommen?»

«Ich habe dafür gebetet, nach Hause zu kommen. Ich will nicht einfach nur von hier weg. Vielleicht würden wir dann an einen noch schrecklicheren Ort kommen.»

Augustin deutete auf den Topf. Er lehnte schwer an der Wand. Sein Körper war ein wenig nach links verdreht. «Schütte etwas von dem Tee in die Schüssel dort und tauche das Tuch in den Rest, ich will es mir um den Kopf legen. Nein, laß mich es machen. Ich will nicht, daß du dich verbrühst.»

Sie schüttete die Schüssel voll, tauchte das Tuch in den Topf und schwenkte es ein wenig durch die Luft, damit es nicht mehr kochend heiß war. Dann schlang sie es um seinen Kopf. Er blickte zu ihr auf. «Du hast recht», sagte er, «wenn du nicht einfach irgendwohin willst. Das hier ist ein Gefängnis, aber du kannst dich besser darin bewegen als in manch anderem.»

Sie nickte. Die meisten Sklaven in England, zumindest die, die sie gesehen hatte, standen unter strengerer Bewachung als sie und Juls – Haussklaven, die nicht einmal über den Küchenhof gehen durften; Feldsklaven, die nichts anderes kannten als die Hütte, in der sie lebten, und die Straßen zu den Feldern; Mühlensklaven, die die Ochsen am Mühlrad antrieben oder die das Rad gar selbst drehen mußten.
«Nichts ist wie zu Hause», sagte sie. «Da mußte ich mir keine Gedanken über die Freiheit machen. Ich glaube, wenn du deine Schüssel leergetrunken hast, solltest du lieber hineingehen, dich hinlegen und versuchen zu schlafen.»
Schweigend saßen sie im Dunkeln. Augustin blickte ins Feuer, Sydne betrachtete den Mond.
Juls saß im Stall, kam aber nicht zur Ruhe. Er stand auf, wollte nachsehen, was Sydne machte. Als er um die Ecke des Schweinestalls bog, konnte er im Schein der Feuerstelle erkennen, wie Sydne Augustin in den Schuppen half. Er blieb kurz dort stehen und ging dann wieder hinunter zum Strand. Er fühlte sich nutzlos und einsam. Es war, als habe sich eine Wand zwischen ihn und den Rest der Welt geschoben. Alle standen auf der anderen Seite, auch Sydne. Er beschloß herauszufinden, wie lang der Erdwall war. Er ging durch das eine Tor hinunter zum Strand und begann den Wall abzuschreiten. Von einem Ende zum anderen waren es einhundertachtzig Schritte. Er wandte sich um und ging zurück. Diesmal waren es einhundertvierundsiebzig Schritte, womit bewiesen war, daß er bei der Biegung nach links größere Schritte machte.
Er war angespannt und rastlos gewesen, seitdem sie den Hof verlassen hatten, und nun fühlte er sich auch noch

dumm. Er ging zu Thyris Hütte und streckte seine Hand aus, um anzuklopfen, aber Thyri stand bereits vor ihm. Der Junge bedeutete ihm einzutreten, und Juls folgte ihm. Aus irgendeinem Grund hatte er erwartet, daß es in Thyris Hütte übel riechen würde. Aber es duftete angenehm nach Kräutern. Er fragte sich, ob bei Thyri auch kleine Kräuterbeutelchen an den Wänden hingen, so wie bei manchen Leuten in seiner Heimat.

Es war völlig dunkel in der Hütte. Juls stand mitten im Raum und sagte zunächst nichts. Dann ging er langsam auf die gegenüberliegende Wand zu, drehte sich um und setzte sich auf den Boden. Es war so still, daß er sich fragte, ob Thyri hinausgeschlüpft war, als er eintrat. Aber dann hörte er, wie Thyri sich neben die Tür setzte.

Ohne ersichtlichen Grund begann Juls' Herz plötzlich wild zu schlagen. «Ich möchte...», begann er und hielt dann inne. «Willst du etwas lernen?»

«Ich?» fragte Thyri.

«Ich möchte dir ein Jonglierkunststück beibringen. Möchtest du? Es macht Spaß. Es ist nicht so schwer. Wir werden ein leichtes nehmen.»

«Ja.»

«Möchtest du?»

«Ja.»

«Dann komm», sagte Juls und stand auf. «Ich bringe es dir heute abend bei. Jetzt sofort. Zuerst müssen wir zum Stall gehen und die Schachtel mit den Steinen holen, die du uns gegeben hast. Dann gehen wir zum Theater.»

Sie gingen hinaus, Thyri blieb ein wenig hinter Juls. Plötzlich fühlte Juls sich frei.

Sydne kniete am Eingang von Augustins Schuppen. Sie lauschte seinen Atemzügen und wartete darauf, daß er einschlief. Sie wollte schon gehen, aber sie wußte, daß Augustin sie in diesem Augenblick hier brauchte, als wäre er ein Kind und sie seine Mutter.

Der Mond stand jetzt hoch über dem Amphitheater. Juls hatte ein paar von Thorolfs Kohlestücken mitgebracht. Er fand die Laterne auf dem Stein neben der alten Eiche und zündete sie an. Jetzt war der ganze Platz hell erleuchtet. «Der Kniff», sagte Juls und reichte Thyri einen Stein, «ist der, daß du die ganze Zeit im Takt bleibst, bamm-bamm-bamm-bamm, und daß du die Kugel von außen nach innen und nicht zu hoch wirfst.» Schon während er sprach, wußte er, daß er dem Jungen zuviel auf einmal sagte. Er gab ihm seinen besten Stein, der schön rund und glatt war. «Wirf ihn einfach hoch und laß dir Zeit. Du kannst es auch laut sagen: *Bamm*, plop-plop-plop. *Bamm*, plop-plop-plop. *Bamm*, plop-plop-plop. Bei jedem *Bamm* wirfst du ihn hoch. Mach das ein Weilchen.»

Während Thyri übte, dehnte und lockerte Juls seine Muskeln. Wenn Thyri einen Stein fallen ließ, tröstete ihn Juls, daß er jedesmal etwas dazulerne. Dann spielten sie nur so zum Spaß das Stück *Die alte Frau und die Maus*. Diesmal spielte Juls die alte Frau. Danach machten sie sich wieder auf den Weg nach Linkøbing. Die Nacht war schon halb vergangen, aber Juls war noch hellwach. Er sah Thyri an. «Besuchst du eigentlich deinen Vater ab und zu im Gemeinschaftshaus? Bittet er dich manchmal, etwas für ihn zu erledigen, zum Beispiel etwas zu holen oder etwas zu halten?»

Thyri schlug die Augen nieder und schüttelte den Kopf. «Kommt er dich besuchen? Vielleicht abends, wenn du

schläfst? Bist du schon einmal aufgewacht, und er stand neben dir?»
Thyri blickte zur Seite und dann wieder auf die Straße. Den Rest des Weges legten sie schweigend zurück.
«Ich möchte, daß du morgen etwas tust», sagte Juls, als sie das Tor durchschritten. Er nahm ein Stück Holzkohle von einer erloschenen Feuerstelle und führte Thyri zum Wasser. Dort suchte er einen flachen, hellen Stein, etwa in Handtellergröße. Er kniete sich nieder und zeichnete ein Bild darauf. Es war dasselbe Bild, das er an dem Tag im Amphitheater in Osso Wisoff eingeritzt hatte, an dem er gelernt hatte, mit fünf Kugeln gleichzeitig zu jonglieren. Der einzige Unterschied bestand darin, daß auf diesem Bild hier nur eine Kugel in der Luft war.

Er nahm den Stein, der ziemlich dünn und leicht war, und reichte ihn Thyri. «Dein Vater wird sicher herausbekommen, was wir machen. Es ist besser, er erfährt es von dir als von einem anderen. Zeig ihm dieses Bild morgen früh. Paß auf, daß du es nicht mit den Händen verwischst. Sag ihm, es sei ein Bild von dir, wie du dein Kunststück machst. Du seist ein guter Fänger. Kannst du das behalten? Es ist gut gemacht. – Das mußt du ihm aber nicht sagen.»
Thyri sah sich das Bild an und hielt es sehr dicht an die Augen. Er versuchte, sich darauf zu erkennen.

«Paß auf, daß du es mit deiner Nase nicht verwischst», sagte Juls.
Juls sah sich das Bild noch einmal an. Auch wenn er es hastig gezeichnet hatte, sah es gut aus. Die Linien waren klar und hoben sich deutlich von dem weißen Stein ab. Er wandte sich Thyri zu. «Du wirst vielleicht nicht gleich erkennen, was es ist», sagte er. «Ich will es dir zeigen. Das hier bist du, und das ist ein Vogel, und das ist die Kugel. Dein Vater wird diese Dinge sicher erkennen, und wenn nicht, kannst du es ihm sagen. Es ist ein sehr schönes Bild.»
Als Juls zum Stall zurückkehrte, war Sydne auf ihrem Lager schon fest eingeschlafen. Er war froh, nicht als erster zurückgekehrt zu sein. Plötzlich spürte er, wie müde er war. Er warf sich auf das Stroh und hatte kaum noch die Kraft und den Willen, sich die Decke überzuziehen.
Sydne rollte sich auf die Seite und richtete sich halb auf. «Juls?»
«Ja, ich bin's.»
«Ist alles in Ordnung?»
«Ja.»
«Du hast recht mit dem Stück gegen Thorolf. Es ist die einzige Möglichkeit. Ich hätte es dir schon längst sagen müssen.» Sie legte sich wieder hin. «Wir müssen einen Weg finden, wie wir Herjolt wissen lassen, daß Thyri da draußen bei uns ist, vor allem, wenn wir ihn mitspielen lassen.»
«Darüber mußt du dir jetzt keine Gedanken mehr machen.»

Am nächsten Tag wurde Juls ausgepeitscht. Brand kam am Nachmittag zum Gerstenfeld hinaus. Wie vor den Kopf gestoßen stand Juls mit der Hacke in der Hand da. Sein Herz schlug plötzlich schneller. Brand machte einen aufgeregten und unglücklichen Eindruck. «Herjolt, unser Herr, hat Thorolf aufgetragen, es zu tun, und Thorolf hat es meinem Vater aufgetragen», sagte er und sah zu Boden. «Mein Vater hat nichts gegen dich. Er weiß nicht einmal, daß du derjenige bist, der mich verbrannt hat. Das ist eine Sache, die nur uns beide angeht.» Juls ging zu dem Baum, an den er sein Überkleid gehängt hatte, und nahm es herunter. Dann folgte er Brand quer über den Acker. Unterwegs dachte Juls an das Bild auf dem Stein, das er noch deutlich vor Augen hatte. Er stellte sich vor, wie Thyri den Stein seinem Vater übergeben hatte und wie Herjolt dann vor Zorn rot wurde. «Ich dachte immer, daß Sklaven nur ausgepeitscht werden, wenn sie ein Verbrechen begangen haben oder faul waren», sagte er.
Brand zuckte die Schultern und wandte den Blick ab. «Auf diesem Acker wächst so viel Unkraut. Wenn wir die Mäuse doch dazu brächten, Unkraut statt der Körner zu fressen, wären wir ein ganzes Stück weiter.»
Juls sah ihn an. «Ich habe Herjolt nichts getan.» Juls merkte, daß er langsamer geworden war, und beschleunigte seinen Schritt. «Er glaubt vielleicht, ich hätte ihn verletzen wollen, aber das stimmt nicht.»
«Ich weiß gar nichts von der Sache», sagte Brand. «Du warst in der letzten Woche hier draußen auf dem Acker und hast Unkraut gejätet, und jetzt sieh ihn dir an. Nächste Woche oder übernächste Woche kannst du wieder von vorn anfangen.»

Juls wollte ihm erzählen, wofür er bestraft werden sollte, aber er konnte es nicht, denn damit hätte er zuviel verraten. Er hatte kein Verbrechen begangen. Er hatte ein Bild auf einen Stein gemalt, das war alles. Er hatte begonnen, einem Jungen beizubringen, wie man eine Kugel wirft, und er hatte es dem Vater des Jungen mitteilen wollen. Dafür sollte er nun ausgepeitscht werden.

«Wo ist Sydne?»

«Ich möchte mit dir einmal über sie sprechen, Juls», sagte Brand.

«Ich will nicht, daß sie es sieht», bat Juls. «Sie ist doch hoffentlich nicht auf dem Hof?»

Brand schüttelte den Kopf. «Mein Vater hat sie ins Dorf geschickt. Sie soll bei der Frau des Schmieds ein Heilmittel für Kühe holen. Heute morgen haben wir die Kühe in den Wald gelassen, und die große graue, die mit dem rötlichen Bein, wollte nicht gehen. Wir haben sie beobachtet und festgestellt, daß sie nichts frißt. Merkwürdig ist nur, daß sie Milch gibt, und zwar sehr viel.»

Sie kamen auf den Hof. Brands Vater war dort und Sigurd, sein dritter Sohn. Man hatte einen Sägebock vor die Scheune gestellt, über den Juls sich beugen sollte. Er legte sein Überkleid auf einen trockenen Fleck am Boden und ging zu dem Bock hinüber. Sigurd kam zu ihm und legte ein schweres Schaffell über seine Schultern. «Wir sollen achtgeben, daß deine Arme und Schultern nicht verletzt werden», sagte er.

Sigurd trat zur Seite. Brands Vater schwang die Peitsche und versetzte Juls zehn Schläge mitten auf den Rücken. Juls hatte sich gesagt, als er sich über den Bock beugte, daß es sicher nicht allzu schlimm würde. Er hatte schon seit zwei Wochen jeden Tag ohne Überkleid gearbeitet, so daß seine Haut ein wenig zäher geworden war. Aber schon nach dem ersten Schlag spürte er, wie Blut über seinen Rücken rann.

«Fertig», sagte Brands Vater. Er ging in die Scheune, um die Peitsche aufzuhängen. «Du sollst jetzt zum Gemeinschaftshaus kommen.»

Sigurd reichte Juls eine Schale kalten Wassers und folgte seinem Vater. Juls trank das Wasser und bedauerte es noch im selben Augenblick. Es traf seinen Magen wie ein Eisklumpen, und einen Moment lang dachte er, er müsse sich übergeben. Er ging zum Brunnen, setzte sich auf den Rand und steckte die Schale in den Eimer. Ihm war schwindlig. Sein Rücken brannte wie Feuer. Nach einer Weile schaute er sich um. Der Hof war leer bis auf die kranke Kuh und eine Ziege. Sogar Brand war verschwunden. Juls blieb noch einen Augenblick am Brunnen sitzen und hoffte, der Schmerz würde ein wenig nachlassen. Dann verließ er den Hof, ging zur Straße und wandte sich der Siedlung zu. Er holte gleichmäßig aus, ging nicht zu schnell und nicht zu langsam, hielt von Zeit zu Zeit an, um sich an einen Baum zu lehnen, wenn ihm schlecht wurde. Bei einer dieser Pausen beschloß er, sein Überkleid anzuziehen. Es würde weh tun, aber er wollte seinen Rücken nicht zur Schau stellen. Er sah, daß Sydne aus dem Tor kam, und setzte sich hinter einen Baum, bis sie vorbeigegangen war. Später würde er noch Zeit genug haben, mit ihr zu reden.

Als er zum Gemeinschaftshaus kam, wartete er draußen, bis ihn jemand hineinbat. Einer der Fünf Weisen saß vor der Tür und schnitzte eine Flöte. Er blickte nicht einmal auf. Juls versuchte, nicht an seine Schmerzen zu denken. Er fragte sich, was ihm Herjolt wohl sagen würde. Er rechnete nicht damit, daß er ihm etwas antun würde, denn er hatte seine Prügel bereits bezogen. Nun war er in Sicherheit, bis er wieder etwas Falsches tat.

Plötzlich kam Thorolf aus dem Gemeinschaftshaus und trat ganz dicht an ihn heran. «Du wirst ihn hoffentlich nicht zu früh verspotten», murmelte er und sah ihn unter seinen buschigen Augenbrauen an.

Juls nickte und sagte, von jetzt an werde er vorsichtig sein.

«Es war dumm, dieses Bild zu zeichnen», sagte Thorolf und schüttelte den Kopf. «Er muß in aller Öffentlichkeit verspottet werden, zur rechten Zeit.»

Thorolf deutete mit dem Kopf zum Gemeinschaftshaus hinüber. «Geh hinein. Er will mit dir reden.»

Juls betrat das Haus und ging um die Feuerstelle herum. Langsam gewöhnten sich seine Augen an die Dunkelheit. Herjolt saß auf seinem Stuhl und aß von einem Fleischteller. Auf dem Boden lag der weiße Stein, den Juls bemalt hatte. Er war so verschmiert, daß man das Bild nicht mehr erkennen konnte. Herjolt stieß mit dem Fuß gegen den Stein und sah Juls an.

«Du zeigst dem Jungen ein Kunststück.»

«Ja, Herr.»

Herjolt stellte seinen Teller auf den Boden und begann, sich die Fingernägel mit dem Messer zu reinigen. «Thorolf sagt, daß du mit deiner Schwester beim Erntedank Kunststücke vorführen wirst und daß ihr sehr schnell und klug seid.»

Juls sah ihn an, sagte aber nichts.

«Meinst du, du kannst dem Jungen auch schnelle und kluge Sachen beibringen?»

«Wenn wir genug üben und ihm ausreichend Zeit lassen.»

«Wollt ihr dafür einen Teil von eurer täglichen Arbeitszeit erlassen haben?»
«Nein, Herr.»
«Glaubst du, ihr könnt ihm das beibringen, was ihr könnt?»
«Ja, Herr. Einfache Dinge.»
«Dann bringt es ihm bei. Schickt ihn nicht mit Bildern auf Steinen zu mir und mit dem Auftrag, er soll mir erzählen, was er kann. Lehrt ihn soviel wie möglich, und dann führt ihn mir am Erntedankfest vor. Jetzt geh zurück zum Gerstenacker und jäte Unkraut. Vor der Tür steht ein Faß Möhren. Nimm eine und iß und verschwinde.»
Herjolt verscheuchte ihn mit der Hand, und Juls ging, nachdem er sich die Möhre genommen hatte.
Auf dem Gerstenfeld wartete Brand auf Juls. «Ich will mit dir über deine Schwester reden», sagte er. «Wie kommt es, daß sie so groß ist? Sie ist die größte Frau, die ich je gesehen habe.»
Die Art und Weise, wie er sprach, flößte Juls Angst ein. Er griff nach seiner Hacke und begann zu arbeiten. «Sydne ist Christin», sagte er.
«Das bist du ja auch», sagte Brand. «Jeder dort drüben ist Christ. Der *Fliegende Drache* hat allein auf seiner letzten Fahrt drei Kisten voller Kreuze erbeutet. Drei große Kisten.»
Juls schüttelte den Kopf. «Nicht alle Christen sind gleich. Sydne kann nicht einfach hergehen und tun, was ein Mann von ihr verlangt, auch nicht, wenn sie seine Sklavin und er ihr Herr ist. Sie kann nur tun, was Christus als recht empfinden würde. Sie betet jeden Abend zu ihm und denkt sehr oft an ihn, und wenn einer versuchen würde, zwischen sie und ihn zu treten,

würde er einen besonderen Fluch auf sich laden.»
Brand schaute zu einer Wolke auf, die sich direkt über ihren Köpfen befand, und kniff ein Auge zu, als wolle er die Entfernung zu der Wolke abschätzen. Dann beobachtete er einen Vogel, der von Baum zu Baum flog. «Wie weit geht dieser Fluch?» fragte er. «Ein Fluch mag ja nur in England wirken und nicht über das Meer hierher gelangen.»
«Es spielt keine Rolle, wo es geschieht», sagte Juls. «Wenn ein Mensch einen anderen zu Fall bringt, auch wenn es nur eine Sklavin ist, könnte er sich genausogut gleich mit einem Stein um den Hals mitten in den Fjord stürzen.»
Brands Stimme wurde lauter. «Das sagst du so. Dann erklär mir doch, wenn Christus so stark ist, wie kommt es dann, daß die Menschen uns nicht jedesmal blutig schlagen, wenn wir versuchen, ihnen etwas wegzunehmen? Wie kann es geschehen, daß wir jederzeit so viele Kreuze bekommen, wie wir wollen?»
«So wirkt der Fluch nicht», entgegnete Juls und hoffte, daß seine Stimme sehr ruhig, kühl und stark klang.
Im Weggehen sagte Brand: «Ich werde sie selbst danach fragen.»
Juls sah ihm nach, als Brand auf das Haus zuging. Er wollte nicht, daß er mit Sydne sprach, aber es gab nichts, womit er ihn hätte aufhalten können. Er begann wieder Unkraut zu jäten. Sein Magen knurrte. Er hatte das Essen verpaßt, als er ausgepeitscht wurde und zum Gemeinschaftshaus mußte.

Sydne kroch auf Händen und Knien durch das Hopfenfeld und sammelte rote Spinnen und Blattläuse von den Blättern, die sie zwischen den Fingern zerquetschte. Die Arbeit war mühsam, weil die Läuse meist an der Unterseite der Blätter saßen, so daß Sydne mit gesenktem Kopf durch die Pflanzenreihen kriechen mußte. Aber die Sonne war inzwischen hinter den Bäumen verschwunden, bald konnte sie aufhören. Plötzlich sah sie Brand am Ende der Reihe.

«Ich habe dir etwas mitgebracht», rief er und kam näher. «Dein Bruder sagte mir, daß es dir gefallen würde. Zumindest habe ich es so verstanden.»

Sydne setzte sich auf die Fersen. «Er war zum Essen nicht auf dem Hof. Hat ihm jemand etwas gebracht?»

«Herjolt wollte mit ihm sprechen. Jetzt ist er wieder zurück und jätet Unkraut im Gerstenfeld.»

«Ach so.»

«Was hältst du davon? Komm, sieh es dir an.» Von seiner Hand baumelte eine Kette mit einem Kreuz. «Es gehört mir seit dem vorletzten Winter, und ich darf es verschenken. Ich habe es von Kronhengst.»

Sydne lächelte freundlich, nickte und widmete sich wieder ihrer Arbeit. An der Hopfenpflanze zu ihrer Linken hingen zwei Blattläuse. Sie nahm sie ab und zerdrückte sie. Dann wandte sie sich der nächsten Pflanze zu.

«Ich hebe sie in meiner Schatzkiste auf», sagte Brand und ging in die Hocke. «Niemand außer mir darf an diese Kiste. Juls sagte, daß du eine Christin bist und Kreuze magst, und daß jeder, der einem Christen etwas zuleide tut, vom Unglück verfolgt wird.» Er hängte die Kette über sein linkes Knie, so daß das Kreuz hin und

her baumelte.
Sydne sah sich das Kreuz an. Es war sehr groß. «Ich muß die Reihe hier noch fertigmachen, bevor es dunkel wird», sagte sie und zerquetschte die nächste Laus.
«Das mußt du jetzt nicht tun», sagte Brand. «Weißt du nicht, daß Läuse nachts nicht fressen? Sie schlafen wie alle anderen auch. Wenn du morgen wiederkommst, ist die Laus, die du jetzt suchst, immer noch da und wartet auf dich.»
Sydne setzte ihre Suche fort. «Dein Vater hat gesagt, ich soll arbeiten, bis es dunkel ist. Du glaubst doch auch, daß er es dann auch so meint? Ich jedenfalls gehe davon aus.» Sie dachte an den Stein, den Brand in jener Nacht am Strand Juls zugeworfen hatte, und an das Geräusch, als er im Wasser landete: ein lautes Klatschen und ein leises Zischen.
«Dieses Kreuz hing an einer Wand, aber ich habe auch schon Menschen gesehen, die größere tragen. Stimmt es, daß Christen eins tragen müssen, weil sonst der Zauber nicht wirkt?»
Sydne erhob sich, teils um sich zu strecken, teils um nicht immer zu ihm aufblicken zu müssen. «Es hat nichts mit Zauberei zu tun», sagte sie. «Manche Christen tragen ein Kreuz, andere nicht. Hast du dieses hier eigenhändig von einer Kirchenwand genommen?»
Brand zuckte die Schultern. Er war verlegen und stolz zugleich. «Ich weiß nicht», sagte er. «Ich habe an so vielen verschiedenen Orten geplündert und alle Arten von Häusern und Herrensitzen gesehen, die es gibt. Die Unterschiede sind nicht sehr groß, wenn du es genau wissen willst. Und ich habe alle möglichen Hunderassen gesehen – Hunde mit langen Schwänzen, mit kurzen Schwänzen, kurzhaarige Hunde, solche mit Wuschel-

fell, mit viereckigen Schädeln, mit hochstehenden Ohren, mit Hängeohren und ein Mittelding. Eben alles. Du glaubst gar nicht, wie viele Sorten es gibt. Und von jedem Beutezug habe ich ein Erinnerungsstück mitgebracht. Kronhengst war großzügig. Sein Vater war an Großzügigkeit nicht zu übertreffen, heißt es, aber er wußte auch, was er seinen Leuten schuldig war.»
«Was hast du aus den Kirchen genommen?»
«Was nicht niet- und nagelfest war.»
Sydne zuckte die Schultern. «Immer noch besser, als einer armen Frau den Wintervorrat zu rauben, denke ich», sagte sie.
«Daran ist nichts Besonderes», sagte er. «Wenn eine Frau – ob arm, ob reich – ausgeraubt wird, ist ihr Mann oder ihr Vater dafür verantwortlich, oder ihre Brüder. Die lassen es geschehen. Es ist ihre Schuld. Die Menschen kämpfen, und der Stärkere gewinnt. So war es immer, und so wird es bleiben.»
«Die Christen denken nicht so», sagte Sydne. «Als Christ muß man alle Menschen wie Brüder und Schwestern behandeln und ihnen Gutes tun.»
Brand dachte darüber nach. «Auch echte Brüder verhalten sich nicht immer brüderlich. Manchmal behandeln sie einen, als wäre man ihr Sklave. Es kann ganz schön schwer sein, wenn man sechs ältere Brüder hat. Dabei soll die Sieben doch eine Glückszahl sein.»
«Auf eurem Schiff seid ihr aber wie Brüder?»
Brand nickte. «Von mir aus könnte ich mein Leben auf dem *Fliegenden Drachen* zubringen, aber ein Christ möchte ich nicht sein. Juls sagte, daß über dem Mann, der dich heiratet, ein Fluch liegen würde. Stimmt das?»
«Hat Juls das gesagt?»
«Nicht genau so, aber so ähnlich.»

Sydne hockte sich wieder hin und hielt nach Blattläusen Ausschau. «Nein, das stimmt nicht», sagte sie. «Aber jeder, der ein Mädchen verletzt oder versucht, sie zu etwas zu zwingen, das sie nicht will, würde sich selbst verfluchen. Dabei macht es keinen Unterschied, ob sie ein Kreuz trägt oder nicht.»
Brand stand auf, wickelte die Kette sorgfältig um das Kreuz und steckte es in die Tasche. «Es ist wohl besser, wenn du mit deiner Arbeit weitermachst, sonst wird einer meiner Brüder noch wild», sagte er und ging. Am Ende der Reihe wandte er sich noch einmal um und schaute in den Himmel über Sydne. «Juls ist heute ausgepeitscht worden. Es war nicht meine Schuld.»
Sydne erschrak. Sie stand auf.
«Ich weiß nur, daß es aus gutem Grund war.»
Der Boden unter Sydnes Füßen fühlte sich kalt an. «Wo ist er?»
«Unkraut jäten im Gerstenfeld. Hab ich dir gesagt. Er hat einen Fehler begangen und dafür bezahlt. Und er wird es nicht noch einmal tun. Ich bin kein Christ, aber ich kenne das Recht. Ein Sklave ist nicht wie andere Menschen, und wenn er sich wie ein freier Mann benimmt, muß er dafür bezahlen.»
Er wandte sich wieder um und ging davon. Sobald er außer Sichtweite war, lief sie los, um Juls zu finden. Zwei schmale Baumreihen, zwischen denen ein Stück Brachland lag, trennten das Hopfenfeld von dem Gerstenfeld. Als Sydne die zweite Baumreihe erreicht hatte, verlangsamte sie ihren Schritt und blieb stehen. Juls arbeitete mitten auf dem Feld, wo die Pflanzen dünner und weniger grün aussahen. Sie erinnerte sich an Augustins Worte, Juls wisse noch nicht, daß er ein Sklave sei. Vielleicht war es ihm jetzt ein wenig deutlicher geworden.

Sein Überkleid war auf dem Rücken durchgeschwitzt und mit roten Flecken und Streifen bedeckt. Es sah nicht nach schlimmen Verletzungen aus.
Juls richtete sich auf und kam mit der Hacke in der Hand über den Acker auf sie zu. Er hatte beschlossen, zum Hopfenfeld zu gehen und seine Schwester zu suchen. Sie trat unter den Bäumen hervor, und sie trafen sich auf dem schmalen Ackerstreifen zwischen der Gerste und den Bäumen. Juls berichtete von der Strafe und warum er sie erhalten hatte. Sydne erzählte ihm von ihrer Begegnung mit Brand und dem Kreuz. «Er wollte mir nichts antun», sagte sie. «Ich glaube, ich habe ihm einen Schrecken eingejagt.»
Gemeinsam gingen sie zur Straße. Es war, als träfen sie sich nach langer Trennung wieder. Sie sprachen über das Theaterstück und über ihre Heimat. Als sie am Stall ankamen, wartete Augustin bereits mit einem sauberen Tuch für Juls' Rücken. Er sah nicht mehr krank aus. «Eine Hand wäscht die andere», sagte er und ging.

Am frühen Morgen erinnerten die Geräusche und Gerüche in Linkøbing an zu Hause. Solange Juls und Sydne die Augen geschlossen hielten, konnten sie sich vorstellen, sie wären in Osso Wisoff. Hunde bellten, Säuglinge schrien, Holzlöffel schlugen gegen Eisentöpfe, Männer husteten und schneuzten sich, und der Geruch von Salzwasser mischte sich mit dem Duft nach nassem Gras und Staub. Am Morgen, nachdem Juls ausgepeitscht worden war, lagen sie beide lange mit geschlossenen Augen da. Dann richteten sie sich auf und sahen sich an.

«Wie geht es deinem Rücken?»
«Das Tuch klebt daran fest, aber es geht schon. Wir haben Mitternacht verschlafen.»
«Heute üben wir dafür länger.»
Juls stand langsam auf. «Thyri hat uns bestimmt gesucht. Vielleicht sollte ich zu ihm gehen und ihm sagen, daß wir uns verschlafen haben.»
Sydne stand auch auf. Sie wollte Juls sagen, er solle den Jungen tagsüber in Ruhe lassen, aber sie unterließ es.
Nach dem Frühstück wurden sie zum *Fliegenden Drachen* geschickt, um zu schöpfen. Zwanzig Männer, darunter auch zwei Brüder von Brand, arbeiteten an Bord. Neben Helmen und Töpfen und Gürtelschnallen, die beim Entladen des Schiffes aus den Kisten gefallen waren, fand Juls einen lebenden Fisch, den er über Bord warf. Der Fisch schien überrascht, als er ins klare Wasser fiel, aber dann schoß er hinab auf den Grund. Unter Deck war es sehr warm, und Juls und Sydne wünschten sich schon bald zurück auf den Acker, wo es besser roch und meist ein leichter Wind wehte.
Am Nachmittag, als das Wasser im Rumpf gesunken war, gab man ihnen lange, rauhe Steine und forderte sie auf, nach Stellen zu suchen, an denen Holzsplitter herausstanden, die sie mit den Steinen glätten sollten. Kaum waren sie an Deck, begann es zu regnen. Das Tuch, das Augustin Juls für den Rücken gegeben hatte, löste sich. Er wrang es aus und hängte es über die Reling. Es war ein gutes Gefühl ohne Tuch.
Als der Tag zur Neige ging, kam Herjolt über die Laufplanke. Er trug den Sonnenstein in der Hand. Er ging zum Ruder, legte den Stein in seine Halterung und deckte ihn mit einem Lederstück ab. Dann betastete er die Seile um den Mast, trug einem der Männer auf, zwei

davon zu erneuern, und ging. Er sah Juls nicht an, aber bevor er die Laufplanke hinunterging, nahm er das Tuch von der Reling und warf es über Bord.
In dieser Nacht gingen Juls und Sydne zum Amphitheater und begannen, das Stück *Des Königs Reue* so zu ändern, daß es auf Herjolt, Thorolf und Thyri zutraf. Juls erzählte die Geschichte, Sydne übernahm die Rolle des Herjolt, und Thyri spielte sich selbst. Juls würde den Thorolf spielen, aber der kam erst in der zweiten Szene auf die Bühne. Er kannte die Bewegungen der Königstochter, weil er seine Mutter beim Spielen immer beobachtet hatte. Deshalb konnte er Thyri genau zeigen, was er zu tun hatte.
Sie hatten erwartet, daß Thyri gut spielen würde. Schließlich hatte er *Die alte Frau und die Maus* nur einmal gesehen und war danach eine ausgezeichnete Maus gewesen. Aber im aufrechten Zustand eine Person zu spielen, fiel ihm schwer. Er schwankte vor und zurück, summte, bohrte in der Nase, und als seine Stichworte fielen, kicherte er.

Ruhig und freundlich ging er zu seinem Vater,
mit anmutigem, leichtem Schritt.
Er aß einen Apfel, die liebliche Frucht des Herbsts.

Die Worte «liebliche Frucht des Herbsts» fand Thyri besonders lustig. Juls wollte diese Zeile nicht weglassen, denn mit dem Apfel hatte Thyri etwas in der Hand; etwas, worauf er schauen konnte. Sie überlegten eine Weile und beschlossen dann, sein Kichern zu überhören. Bis September würde er sich so an die Zeilen gewöhnt haben, daß er sie nicht mehr komisch fand.
Als Sydne später auf dem Stroh lag, fragte sie sich, was

Thyri wohl alles lernen könnte, wenn sich nur jemand die Zeit nähme, ihm zu helfen. Er hatte einen schönen Gang, wahrscheinlich könnte er ohne weiteres tanzen lernen. Er hatte ein ebenmäßiges Gesicht. Er konnte stillstehen und hätte daher wohl keine Mühe, eine Pose längere Zeit zu halten. Und es machte ihm offensichtlich Spaß, etwas vorzuführen. Er hatte an diesem Abend gar nicht mit den Proben aufhören wollen.

Sie wollte nichts Unmögliches von ihm verlangen. Schließlich war er geistesschwach. Er bewegte sich nicht so schnell wie sie und würde es wohl auch nie lernen. Er verstand nicht, warum eine bestimmte Reihenfolge eingehalten werden mußte. Und wenn man es ihm erklärte, vergaß er es gleich wieder. Es fiel ihm schwer, bei der Sache zu bleiben. Heute abend hatte er zweimal begonnen, die Maus zu spielen. Aber auch Juls paßte bei der Arbeit nicht immer auf, und ihr ging es genauso. Sie vergaßen manchmal etwas. Sydne fröstelte und wickelte sich fester in die Decke.

Am nächsten Tag arbeiteten sie wieder auf dem Schiff. Sie halfen, das Segel herunterzuholen und zum Trocknen auszulegen. Und in der Nacht probten sie die dritte Szene. Die zweite ließen sie aus, weil sie nur zwischen dem bösen Alten und dem König spielte. In der dritten Szene mußte Thyri auf Sydne zugehen, händeringend vor ihr niederknien und sie unglücklich anschauen. Er ging auch richtig auf Sydne zu und kniete nieder, aber es schien, als könne er nicht die erforderliche Miene aufsetzen. Er verzog sein Gesicht, sah häßlich aus, leer, aber er konnte nicht unglücklich dreinschauen.

Nachdem sie es viermal durchgespielt hatten, bat Sydne ihn, sich einmal neben sie auf den großen Stein

zu setzen. «Ich sehe dich manchmal am Ufer sitzen», sagte sie.
Er nickte.
«Und du schaust über das Wasser.»
Wieder nickte er.
«Auch heute habe ich dich dort gesehen, als es schon fast dunkel war. Du hast zwei Steine genommen, sie gegeneinander geschlagen und dem Geräusch gelauscht. Dann tauchte ein Mann hinter dir auf, nahm dir die Steine ab und warf sie ins Wasser. Da war ich ganz traurig, und du warst es auch.»
Ein verlorener, trauriger Ausdruck legte sich auf Thyris Gesicht. Sydne schob ihr Gesicht wie einen Spiegel vor sein Gesicht. «Siehst du, wie ich aussehe? So hast du heute dreingeschaut, und so schaust du jetzt, und so sollst du aussehen, wenn du vor dem König an dieser Stelle im Stück niederkniest. Der König ist dein Vater, und du hast Angst, daß er dir etwas Schreckliches antun könnte.»
Juls legte eine Hand auf Thyris Arm. «In dieser Geschichte», sagte er, «bin ich ein Mann, der dich in die Sklaverei schicken und deinen Vater töten will. Und alle, die dir zuschauen, sollen dir ansehen, wie furchtbar das wäre. Sie sollen einen Schrecken bekommen und nicht wollen, daß es geschieht.»
Thyri begann zu zittern, als habe er Schüttelfrost. Sydne legte eine Hand auf Thyris anderen Arm. «Es ist ja nur eine Geschichte», sagte sie. «So etwas stößt dir in Wirklichkeit nicht zu. Du mußt nur daran denken, wenn du vor mir niederkniest, daß du diesen besonderen Ausdruck auf deinem Gesicht haben mußt, so daß alle, die dich sehen, wollen, daß du gerettet wirst.»
Sie standen auf und wiederholten die Szene. Diesmal sah

Thyri so unglücklich aus, daß Juls und Sydne Mitleid mit ihm hatten. Sie wiederholten die Szene noch dreimal, und immer hatte Thyri die richtige Miene aufgesetzt.

In der folgenden Nacht probten sie die letzte Szene, die Juls Thyri zu erklären versuchte, auch wenn sie keinen Sinn ergab. «Der Böse kommt herein – das bin ich – und gibt Sydne, die dein Vater ist, Gift, sagt ihm aber, es sei ein Zauberpulver, das ihm ewiges Leben schenkt. Sie schüttet das Pulver in ein Glas Wein, trinkt und fällt um.»

Thyri nickte.

«Der böse Mann will dich mit sich fortziehen. Er will einen Sklaven aus dir machen. Du springst zur Seite und schlägst mit einer Blase voller Steine auf ihn ein, was ein lustiges Geräusch macht. Dann verstehen alle Zuschauer, daß dieser Mann ein Dummkopf und ein Feigling ist, der entehrt davonläuft. Du gehst zum König, bläst ihm ins Ohr, und er erwacht wieder zum Leben. Ihr umarmt euch. So weiß jeder, daß die Guten gewonnen haben. Hast du das verstanden?»

Thyri nickte wieder, sah aber verängstigt aus.

«Die Zuschauer werden sich freuen», sagte Sydne.

Sie begannen, die Szene zu spielen. Nachdem Sydne das Gift getrunken hatte und tot umgefallen war, ergriff Juls Thyris Arm und versuchte, ihn fortzuziehen. Thyri kicherte, wand sich, schmunzelte und schob die Schultern vor und zurück. Doch dann bekam er Angst und fiel hin.

Juls ließ ihn los und bat Sydne, ihm zu zeigen, was er tun sollte. Aber sobald sie nach ihm griff, geriet Thyri noch mehr außer sich, und sie mußten die Proben einstellen. Sydne schlug vor, noch ein paar Übungen zu machen und ein wenig Jonglieren zu üben, aber Thyri schüttelte nur den Kopf und sagte, er wolle nach Hause. Auf halbem Wege legte Sydne eine Hand auf seine Schulter. Er begann zu zittern, und sie zog die Hand zurück. Kurz darauf nahm er von sich aus ihre Hand und legte sie sich wieder auf die Schulter. Er schien sich beruhigt zu haben, aber als sie sich gute Nacht wünschten, klang seine Stimme immer noch schwach und atemlos.

Sydne und Juls fühlten sich schrecklich. Sie hatten begonnen, in Thyri einen kleinen Freund zu sehen, einen niedlichen Vier- oder Fünfjährigen, dem sie Kunststücke beibringen konnten wie einem klugen Hund. Aber er war ein Kind, und er war geistesschwach. Sydne war sehr erregt, als sie sich von ihm trennten. Hätte er doch das Amphitheater nie gefunden, oder hätten sie doch nur einen Weg gefunden, ihn aus ihren Vorhaben herauszuhalten.

Am nächsten Morgen fühlte sie sich ein wenig besser, und sie fragte Augustin, ob er eine Schweinsblase besorgen könne. «Wir wollen sie aufblasen und kleine Steine hineingeben, damit es Geräusche gibt», sagte sie. «Wir müssen etwas üben.»

«Für das Erntedankfest?»

Sydne erschrak. «Ist es denn schon überall bekannt?»

«Es weiß doch jeder, daß die neuen Sklaven Kunststücke machen, die sie zum Erntedankfest vorführen.»

«Wir brauchen die Blase bald», sagte sie. «Meinst du, wir bekommen eine?»

Augustin nickte. «Wann wollt ihr sie denn haben?»

«Sobald wie möglich.»

«In der Scheune ist eine», sagte Augustin. «Thyri spielte immer damit, aber sein Vater warf sie fort, als seine Frau starb. Ich werde sie euch heute abend bringen.»

«Danke», sagte Sydne. «Wir verraten nicht, woher wir sie haben.»
Augustin zuckte mit den Schultern. «Sie war auf dem Abfallhaufen, und ich habe sie an mich genommen. Abfall dürfen Sklaven haben.»
Auf dem Weg zum Hof begann es zu regnen. Sie achteten nicht darauf. «Gestern hätte ich fast vergessen, meinen Kalender zu markieren», sagte Sydne, während ihr der Regen übers Gesicht rann. «Es war das erste Mal. Mitten in der Nacht bin ich wachgeworden und habe daran gedacht. Wir haben zuviel zu tun.»
«Welcher Tag ist heute?»
«Sonntag.»
«Vielleicht sollten wir eine Nacht freinehmen», sagte Juls. «Wir müssen nicht üben, wenn wir nicht wollen.»
«Nein», sagte Sydne. «Laß uns üben, wenn es nicht mehr so stark regnet.» Sie dachte an Thyri und fragte sich, wie es ihm wohl gehen mochte und was er heute abend tun würde.
Am Abend brachte Augustin ihnen die Blase. Später kam Thorolf zum Stall, um ihnen mitzuteilen, daß Herjolt im Begriff sei, wegzufahren. «Unser Stammesführer fährt auf ein Abenteuer», sagte er und blieb im Eingang stehen. «Er segelt auf dem *Fliegenden Drachen* hinaus, damit unsere Nachbarn sehen, wie tapfer er ist.»
«Heute abend noch?» fragte Juls. Er glaubte zwar nicht, daß Herjolt ein Schiff nach Einbruch der Dunkelheit und bei Regen den Fjord hinuntersegeln würde, aber er hielt es für möglich.
«Morgen früh.»
Sydne wunderte sich, daß Thorolf sich für diese Mitteilung herbemüht hatte. «Und wir sollen das Schiff jetzt beladen?» fragte sie.

«Nein, ich wollte nur, daß meine Freunde es vor allen anderen erfahren.»
«Danke», sagte Juls. Er kratzte sich den Rücken, der inzwischen mehr juckte als schmerzte.
«Er nimmt mich mit», sagte Thorolf. «Er will es zwar nicht, denn er will seine eigene Schar auswählen und sie für sich haben. Er will der tapfere und großherzige Stammesführer sein und mich nicht als Beobachter bei sich haben. Aber er fragt sich auch, was ich wohl tun würde, wenn er mich hier zurückließe, und ob er bei seiner Rückkehr immer noch Herr wäre. Deshalb fahre ich auch mit. Das Schiff fährt besser, wenn ich an Bord bin, das kann ich euch versichern.»
Juls und Sydne freuten sich, daß er wegfuhr. Es war dunkel im Stall, und Thorolf hatte keine Laterne bei sich, so daß er ihre Gesichter nicht sehen konnte. Sie versuchten, ihre Freude nicht zu zeigen.
«Wie lange wird das Schiff weg sein?» fragte Juls.
«Nicht lange», antwortete Thorolf. «Während unserer Abwesenheit könnt ihr jede Nacht üben, damit ihr mit eurer Spottgeschichte bei unserer Rückkehr bereit seid. Fryrtig ist euer Herr, wenn ich nicht da bin. Ihr werdet noch besser beaufsichtigt als bisher. Mindestens fünf meiner Vettern werden die ganze Zeit über ein Auge auf euch haben, um zu sehen, daß ihr unversehrt seid und fleißig arbeitet.»
Sie konnten sein Gesicht nicht genau erkennen, aber sie waren sicher, daß er seine weise Miene aufgesetzt hatte. Er drehte sich um und ging hinaus. Sydne und Juls legten sich schlafen. Juls schlief sofort ein, aber Sydne fand keine Ruhe. Sie mußte fortwährend an Thorolf denken. Sie versuchte, etwas an ihm zu entdecken, was sie hätte mögen oder bewundern können. Aber es ge-

lang ihr nicht. Sie verachtete seine Überheblichkeit; es schien, als könne ihn nichts erschüttern oder beunruhigen oder gefährden. Sie ekelte sich vor der weißen Narbe unter seinem Kinn, die aussah wie ein Streifen weißer Käse. Sie mochte es nicht, wie er seine Zähne bleckte, wenn er nachdachte oder etwas sagen wollte, und sie verabscheute es, wie er sich ganz dicht neben kleine Menschen stellte, daß sie sich noch kleiner fühlten. Es gab noch mindestens hundert andere Dinge. Jedesmal, wenn sie ihn sah, entdeckte sie wieder etwas Scheußliches und Furchterregendes. Sie öffnete die Augen. Thorolf zu hassen war schändlich und sinnlos – und eine Sünde obendrein. Aber sie konnte Thorolfs Gesicht und seine Stimme nicht aus ihrem Kopf verbannen, und sie konnte ihm nichts Gutes wünschen. Er ist ein guter Seemann, sagte sie sich und erinnerte sich daran, wie er das Schiff nach dem Tode von Kronhengst ans Ufer gebracht hatte. Das ist auch etwas Gutes.

Als sie aufwachten, regnete es nicht mehr, und Sydne war nicht müde. Sie holten Thyri ab, der eifrig herauskam, und gingen zum Theater. Sie wärmten sich auf und jonglierten ein wenig. Dann begann Juls, die ersten Zeilen des Stückes aufzusagen. Thyri schien sich nicht daran zu erinnern, was er tun sollte. Als Juls die Zeile vortrug, in der die «liebliche Frucht des Herbsts» vorkam, lächelte er nicht einmal. Juls wiederholte die Zeilen. Thyri verzog sich hinter den großen Stein und blieb dort, um ihnen zuzusehen. Daraufhin jonglierten sie noch ein wenig und kehrten in die Siedlung zurück. Als sie sich hinlegten, hörten sie aus der Ferne ein hohes, klickendes Geräusch. Es dauerte eine Weile, bis sie erkannten, was es war. Thyri saß am Ufer und schlug Steine gegeneinander.

Früh am nächsten Morgen wurde ihnen aufgetragen, das Schiff mit Vorräten zu beladen. Als die Sonne über der Felswand aufging, war die Arbeit beendet, und Herjolt war mit seinen Männern an Bord gegangen. Dann wurde die Laufplanke eingezogen, und das Schiff fuhr davon. Brand, der hinten auf dem *Fliegenden Drachen* stand, zwinkerte Juls zu und grinste. Das Schiff war nicht einmal zwanzig Schiffslängen entfernt, da gingen die, die zugeschaut hatten, wieder ihrer Arbeit nach. Niemand weinte, niemand schien traurig zu sein, offensichtlich war es allen gleichgültig. Und dennoch würden sich die Menschen bei der Rückkehr des Schiffes bestimmt freuen; davon waren Sydne und Juls überzeugt. Sie sahen sich an, als sie dem Wasser den Rücken kehrten. Sie sagten nichts, dachten aber beide, daß die Wikinger sehr merkwürdige Menschen waren.
Als sie in dieser Nacht aufstanden, um zu üben, und als ihnen einfiel, daß Thorolf und Herjolt weit weg waren, fühlten sie sich frei und glücklich. Sie glaubten beide nicht an Thorolfs Geschichte von den fünf Vettern, die sie beobachten würden.
Auf dem Weg zum Amphitheater blieb Thyri ein wenig hinter ihnen zurück. Kurz bevor sie dort ankamen, fragte Sydne ihn, ob er krank sei. Er gab keine Antwort. Sie streckte ihren Arm aus und rieb seinen Rücken. «Du hast Freunde», sagte sie. «Du bist nicht allein.»
Er blickte zur Seite.
Sie hatten die Blase mitgebracht, in die sie Steine gefüllt hatten. Nach dem Aufwärmen spielten sie damit Fangen, dann Jäger und Fuchs. Der Jäger mußte den Fuchs mit der Blase treffen. War der Fuchs getroffen, mußte er jagen. Eigentlich war es für dieses Spiel schon zu dunkel, denn man entkam dem Jäger am besten, wenn man

zwischen die Bäume sprang. Thyri schaute ihnen lange zu, bevor er mitspielen wollte. Sie fielen alle ein paarmal hin, und Sydne zog sich einen tiefen Schnitt am linken Arm zu, als sie Juls fangen wollte, der hinter einem Baum hervorgesprungen kam. Aber es machte ihr nichts aus. Dann holte Juls einen Stock, und sie spielten «Fischer, wie tief ist das Wasser». Weil sie keinen Bach hatten, kerbten sie eine Linie in den Boden, über die man seinen Gegner ziehen mußte. Es waren immer Thyri und Juls gegen Sydne oder Thyri und Sydne gegen Juls. Am Ende spielte Thyri gegen sie beide, und alle drei fielen hin. Sie saßen auf dem Boden und lachten. Dann gingen sie nach Hause.

Auf dem Rückweg fragte Juls Thyri, ob er schon einmal so etwas wie diese Schweinsblase gesehen habe. Er schüttelte den Kopf, sagte aber: «Kann sein.»

Zwei Nächte darauf begannen sie erneut, das Stück zu proben. Für jede Nacht hatten sie sich eine Szene vorgenommen. Nach der Probe spielten sie immer mit der Blase, und zweimal spielten sie auf dem Rückweg zur Siedlung «Fischer, wie tief ist das Wasser». Dabei hielten sie sich an den Händen und benutzten keinen Stock. In der vierten Nacht war Thyri schließlich bereit, um den bösen Mann herumzutanzen und ihn mit der Blase zu schlagen. Es machte ihm sogar Spaß. Dann zeigten sie ihm, wie, wo und wann er ihn schlagen sollte.

Auch über die Bühne und die Zuschauer sprachen sie mit Thyri. «Wir stellen uns jetzt vor, daß hier die Bühne ist. Die Zuschauer sind da drüben. Da steht Brand, da Brands Vater, hier Herjolt, da Thorolf. Alle sind sie da. Sie stehen am großen Feuer und haben es warm. Und es macht ihnen Spaß, uns zuzuschauen. Aber es muß alles stimmen, und darum müssen wir so viel proben.»

Thyri hatte sich in das Wort «proben» verliebt und benutzte es so oft er konnte.
«Wir proben», pflegte er zu sagen und «jetzt müssen wir proben» und «gestern abend haben wir es auch geprobt, aber da war es besser» und «heute abend proben wir die erste Szene».
Nach zwei oder drei glatten Proben hatten sie in der Regel eine, in der nichts klappte. In diesen schlimmen Nächten fragten sie sich manchmal, ob ein böser Geist in Thyri gefahren sei und ihn alles habe vergessen lassen. Thyri sah Juls dann immer an, als betrachtete er etwas hinter ihm oder über seinem Kopf, einen Vogel oder einen tanzenden Zwerg oder dergleichen. An solchen Abenden wollte Juls am liebsten die Kappe von Thyris Kopf nehmen und wegwerfen. Sydne befiel ein dumpfes Gefühl der Hoffnungslosigkeit, und sie konnte lange nicht einschlafen und wünschte, sie könnten ohne ihn spielen oder hätten ihn nie getroffen.
Sydne und Juls sprachen über Thyri mehr als über alles andere. Manchmal hatten sie den Eindruck, daß sie zu nachsichtig waren, so daß er nicht erkennen konnte, wie wichtig es war, alles richtig zu machen. Dann wieder fragten sie sich, ob sie auch freundlich und geduldig genug waren. Immer beendete Juls das Gespräch mit der Feststellung, daß sie ihm viel mehr beibringen könnten, wenn sie nur wüßten, wie.
Die Wochen vergingen wie im Flug. Am späten Nachmittag des zweiten Donnerstags im August kam der *Fliegende Drache* zurück. Juls und Sydne hielten sich absichtlich fern, bis es dunkel war. Mitten in der Siedlung wurde ein Freudenfeuer errichtet. Die Leute feierten, und Geschenke wurden verteilt. Niemand dachte an die Geschwister. Als der Mond aufging, durchschritten

sie gerade das Tor. Sie blieben im Schatten und hofften, daß man sie vom Feuer her nicht bemerkte. Außer den Hunden achtete auch niemand auf sie. Sie schlüpften zwischen der zweiten Häuserreihe und dem Erdwall durch und kamen unbemerkt zu ihrem Stall. Aber als sie dort waren, spürten sie eine innere Unruhe.
Juls beschloß, ans Ufer zu gehen. Als er den Stall verließ, sagte Sydne, daß sie Augustin besuchen wolle.
Juls folgte dem Erdwall zum Wasser hinunter und ging am Ufer entlang bis zu der Stelle, an der der *Fliegende Drache* vertäut war. Dann stellte er sich in den Schatten der Laufplanke und sah zum Gemeinschaftshaus hinüber. Herjolt stand links hinter dem großen Feuer neben einer Kiste, aus der er Geschenke holte. Dabei verkündete er laut die Taten seiner tapferen Schar. Sie würden in Erinnerung bleiben, solange Mut und Treue gepriesen würden. Er sprach laut, aber seine Stimme war ohne Klang, als glaubte er nicht recht daran, was er sagte, oder als wäre er sehr müde. Die meisten Männer, die sich Beutestücke abholten, trugen kurze Überkleider. Sie sahen aus wie Bauern, die gleich durch das Tor hinausgehen und im Mondschein auf ihren Äckern Unkraut jäten würden.
Etwas erhöht auf der rechten Seite des Feuers stand Thorolf. Er überragte die Umstehenden um mindestens einen Kopf. Männer kamen zu ihm und redeten mit ihm. Juls sah eine Weile zu und erinnerte sich an den Nachmittag, an dem er gesehen hatte, wie die Männer zwischen Herjolt und Thorolf an Kronhengsts Grab hin und her gegangen waren. Das war lange her, noch vor der Aussaat. Jetzt war Spätsommer, und das Korn auf den Feldern stand hoch, aber nichts hatte sich verändert. Nein, das stimmte nicht ganz. Er hatte sich verändert.

Er war älter geworden und etwas kräftiger, und er wußte ein wenig mehr von der Welt.
Er fragte sich, was wohl geschehen würde, wenn ein Mann auf einen Tisch springen und sich zum neuen Stammesführer von Linkøbing ausrufen würde. Würden die Menschen ihre Messer ziehen, und würden Herjolt und Thorolf blutüberströmt am Boden enden? Würden sich die Wikinger dann um den neuen Stammesführer scharen und ihm versichern, wie tapfer er war?
Juls schüttelte den Kopf. Nein. Es gab nur zwei Männer hier, die Stammesführer sein konnten, und einer von ihnen würde entweder tot oder verbannt sein, noch bevor die kalte Jahreszeit einsetzte. Die Entscheidung würde am Abend des Erntedankfestes fallen. Sie würden Thorolf verspotten, entweder schlecht oder gut; dann würden die Leute zwischen ihm und Herjolt wählen. Vielleicht würden auch Messer im Spiel sein; eines könnte ihn und ein anderes Sydne treffen; und alles nur, weil sie nicht wollten, daß Thyri ums Leben kam. Es gab noch einen anderen Grund. Sie hatten Angst vor Thorolf und davor, was er mit ihnen anstellen könnte, wenn er Stammesführer würde.

Während Juls im Schatten der Laufplanke dem Fest zusah, saß Sydne vor Augustins Schuppen und knabberte an einem gekochten Schweineknochen. Sie sprachen über Linkøbing. Augustin war so guter Dinge, daß er die Wikinger sogar lobte. «Sie sind tausendmal besser als ihre Götter», sagte er. «Sie haben einen Gott Odin, der ihnen im Kampf beisteht. Aber manchmal ändert er seine Meinung und wechselt über zum Feind. Thor betrügt die Menschen genauso, ohne Vorwarnung. Er hat mehr Verstand als Odin, aber er ist durch und durch hinterhältig.» Er schwieg einen Moment und sah Sydne an.

Sydne ließ den Knochen wieder in den Topf fallen. «Es wäre besser für sie, wenn sie gar keine Götter hätten», sagte sie.

Augustin schüttelte den Kopf. «Nein, das stimmt nicht. Die Winter hier sind sehr hart. Die meiste Zeit ist es dunkel. Es ist kalt und windig und neblig. Dann leisten die Götter den Menschen Gesellschaft. Die Menschen reden mit ihnen und verfluchen in ihrem Namen das Wetter. Im Winter sind die Wikinger am umgänglichsten. Jeder Mann hier, selbst Thorolf, würde seine letzte Kerze und noch eine dazu opfern, um einem Fremden in seinem Haus ein wenig Licht zu spenden. Das ist so. Die Wikinger sind viel besser als ihre Götter. Viel besser.»

Sydne blickte ihn an und lächelte. «Ich dachte, du haßt sie», sagte sie.

«Das stimmt auch. Wenn ich ihre Sprache vergessen könnte, würde ich es tun. Ich würde lieber mit den Schweinen reden und nur die Schweinesprache verstehen. Die Wikinger haben mir den größten Teil meines Lebens geraubt. Aber das heißt nicht, daß sie durch und durch schlecht sind. Ich bin noch nie einem Menschen begegnet, der nur schlecht war.»

Dann schwiegen sie, und Augustin begann Tee zu kochen. Juls kam. «Der Tee reicht für uns alle», sagte Augustin, und Juls setzte sich. Augustin rührte um und nahm einen Schluck, um zu prüfen, ob er noch ziehen mußte. Da sein Mund an einer Seite herunterhing, rann ihm ein wenig Tee übers Kinn. Er nahm den Lappen von seinem Gürtel und wischte sich ab. «Er ist heiß», sagte er, «aber er wird euch schmecken. Er ist nicht sehr bitter.»

Juls nahm einen Schluck und erzählte Sydne und Augustin, was er am großen Feuer beobachtet hatte.

Augustin schüttelte den Kopf. «Ergreift keine Partei zwischen den beiden», sagte er. «Heute, als das Schiff zurückkehrte, rannten die Leute an den Strand, um zu sehen, ob einer den anderen ins Meer geworfen hatte. Schon bald wird einer den anderen töten oder entehren, was hier auf dasselbe hinausläuft. Stellt euch nicht auf eine Seite. Tut, was man euch sagt, und schenkt den Dingen, die ihr seht, keine Beachtung. Dann lebt ihr so lange wie ich.»

Sie nickten und sagten nichts. Als der Teetopf leer war, dankten sie ihm und kehrten zu ihrem Stall zurück. Thorolf erwartete sie. Sobald sie ihn erblickten, wußten Sydne und Juls, daß sie den Stall nur verlassen hatten, um ihm nicht begegnen zu müssen. Freundlich legte er eine Hand auf Juls' Arm. «Seid ihr bereit? Könnt ihr ihn morgen verspotten?»

«Ich glaube nicht.»

«Habt ihr nicht geübt? Meine Vettern werden mir berichten, wenn ihr nichts getan habt. Es hat keinen Sinn, mich anzulügen. Habt ihr den Jungen miteinbezogen?»

«Er lernt nicht so schnell», sagte Juls. «Deshalb sind wir noch nicht soweit.»

Thorolf wedelte mit der Hand in der Luft herum. Er schien sich zu freuen. «Ich will euch heute abend zuschauen. Wir können sofort gehen. Der Junge ist in seiner Hütte. Ich habe ihn dort gesehen. Holt ihn ab, und auf geht's. Ich werde euch von der Straße aus zuschauen. Los. Vergeßt nicht, Kohle mitzubringen für die Laterne. Ich komme euch nach.»

Sie gingen und holten Thyri ab, der auf dem Dach seiner Hütte saß und das Freudenfeuer betrachtete. Er war aufgeregt, weil sein Vater zurückgekehrt war, aber er ging mit ihnen.

«Ich glaube, ich weiß, wie wir Thorolf zum Narren halten können», sagte Juls, als er neben Sydne auf der Straße herging. «Es ist nicht schwer.» Sein Herz schlug heftig, und er hatte keine Ahnung, ob es gelingen würde, aber damit wollte er Sydne nicht beunruhigen. «Laß dir nicht anmerken, wenn ich etwas anderes spiele als sonst. Wir müssen verschiedene Teile zusammenfügen und so tun, als würden wir das jeden Abend so machen.»

«Welche Teile?»

«Aus verschiedenen Stücken.»

Als sie zum Amphitheater kamen, ließ Juls sich Zeit, die Laterne anzuzünden. Als sie brannte, stellte er sie auf einen Stein, gab Thyri drei Kugeln und forderte ihn auf, zu jonglieren. Thyri nahm sie und versuchte es, aber er hatte bisher noch nicht einmal zwei Kugeln geworfen. Er begann zu stöhnen, weil er sie fallen ließ, aber er fuhr fort. Kurz darauf bat Juls ihn, Überschläge vorzuführen. Kaum hatte er damit begonnen, sagte Juls, er solle dabei einen Kreis ziehen, und drängte ihn, schneller zu werden. Thyri wurde wütend über sich selbst. Da begann Juls, die erste Szene von *Des Königs Reue* aufzusagen. Thyri hörte auf zu turnen und lauschte, um seine Stichworte nicht zu verpassen. Juls fuhr sehr ruhig und langsam fort, bis er zu dem Teil kam, an dem Thyri mit dem Apfel auf die Bühne treten sollte. Übergangslos sagte Juls die letzte Szene eines anderen Stückes auf.

Sydne kannte es und begann, ihre Rolle darin zu spielen. Thyri war völlig verstört und schüttelte nur den Kopf. Dann bat Juls seine Schwester, *Die alte Frau und die Maus* zu spielen, und Thyri kroch weinend auf dem Boden herum und spielte die Maus. Als sie damit fertig waren, blieb Thyri auf der Erde sitzen, biß sich in die Fäuste und stöhnte. Sydne setzte sich neben ihn, nahm ihn auf den Schoß und wiegte ihn hin und her. Juls nahm die Laterne und ging unter den Bäumen hindurch zur Straße, wo Thorolf stand. «Tut mir leid», sagte er, als er Thorolf sah. «Manchmal macht er aber auch nichts richtig.»
«Sydne sollte Herjolt sein? Sie spielte wie eine alte Frau.»
Juls grinste und nickte.
«Du bist sehr klug auf deine Art.»
«Danke, Herr.»
«Ich gebe euch noch einen Monat Zeit, um es zu vollenden, und das ist wohl nicht schwer. Was wird geschehen, nachdem ihr Herjolt verspottet habt?»
«Ich weiß nicht.»
«Natürlich weißt du es. Was habe ich versprochen?»
«Ihr werdet uns nach Hause bringen.»
«Vergiß das nicht.»
«Das werde ich auch nicht, Herr.»
Thorolf drehte sich um und ging die Straße hinab. Juls löschte die Laterne und kehrte zu Sydne und Thyri zurück. Er wollte dort kein Licht. Er schämte sich dafür, was er Thyri angetan hatte, aber zugleich freute er sich: Er hatte seinen Feind zum Narren gehalten.
Am nächsten Abend sah Thyri krank aus, als sie ihn abholten. Er war blaß und unruhig, aber er war als erster im Amphitheater, und die Probe lief sehr gut. Sie spielten die letzte Szene, in der Thyri auf Juls mit der Blase einschlägt, vier- oder fünfmal, um Thyri die Möglichkeit

zu geben, seine Wut loszuwerden, aber er schien nicht wütend zu sein.
Auf dem Rückweg zum Ort fragte Juls, ob Thyri seine Kappe an dem Abend ihrer Vorstellung unbedingt tragen wolle. «Es ist mein Hut», sagte Thyri. Er berührte das feste Band mit den Runen.
«Ich dachte, du würdest sie gern ausziehen», sagte Juls.
«Nein.»
Als sie zu seiner Hütte kamen, sagte Sydne gute Nacht. Juls blieb noch bei Thyri. «Ich werde dich nie wieder so durcheinanderbringen wie letzte Nacht», sagte er.
Thyri zuckte mit den Schultern. «Jede Probe ist wichtig», sagte er und wiederholte damit die Worte, die er fast jede Nacht von Sydne zu hören bekommen hatte.
Juls kehrte zum Stall zurück.
«Wir dürfen keinen Tag auslassen», sagte Sydne, als sie sich hinlegten. Ihre Stimme klang besorgt. «Die nächsten Proben werden wahrscheinlich nicht so gut sein. Wir sollten ihn vielleicht auch andere Sachen üben lassen – Jonglieren zum Beispiel. Jede Nacht müssen wir genau das machen, was wir an jenem Abend auch tun wollen.»
«Wir haben noch einen Monat», sagte Juls.
«Er wird wie im Fluge vergehen.»
«Wir werden jede Nacht proben, auch wenn es regnet», sagte Juls.
Sydne setzte sich auf. «Meinst du das im Ernst?»
Auch Juls setzte sich auf. «Mir macht Regen nichts aus.»
«Na gut, dann machen wir es so. Augustin sagte mir, daß es im September häufig regnet.»
«Ich bin bereit.»
«Ich auch.»

Die Zeit verging tatsächlich wie im Fluge. Nur einmal ließen sie eine Probe aus, weil es schrecklich stürmte. Dann war plötzlich der Tag da, an dem ihre Vorführung stattfinden sollte. Sydne wachte als erste auf. Sie war schläfrig, und für wenige Augenblicke dachte sie an nichts anderes. Es war windig und kühl, aber nicht kalt. Sie weckte Juls. Gemeinsam gingen sie zu Augustins Schuppen, um zu frühstücken. Vor dem Gemeinschaftshaus standen bereits Tische. Die Laufplanke lag auf drei Baumstümpfen und diente als Bühne. Kisten zu beiden Seiten verbreiterten sie noch. Man hatte sie für Sydne und Juls aufgebaut, aber andere würden sie sicher auch benutzen. Augustin, der sie nie nach ihrer Aufführung gefragt hatte, wünschte ihnen viel Glück.

Sie gingen früher als sonst zum Bauernhof hinaus. Brand war draußen und kam ihnen entgegen. Er wollte wissen, welche Kunststücke sie am Fest zeigen würden. Juls zögerte. «Jonglieren, Turnen, eine Geschichte erzählen.»

«Was für eine Geschichte? Wird darin jemand getötet? Mir gefallen Geschichten, in denen der Held am Ende seinen Feind tötet, der einen großen Schatz besitzt. Dann feiert der Held mit seinen Freunden und verteilt Geschenke.»

«In unserer Geschichte kommt ein Wunder vor», sagte Juls. «Ein Mann wird wieder zum Leben erweckt.»

«Der Held?»

«Das wirst du schon sehen», sagte Juls. «Hast du ein scharfes Messer? Ich möchte mir die Haare scheren.»

Brand sah ihn an und dachte einen Augenblick nach. Dann schüttelte er den Kopf. «Das wirst du nicht tun»,

sagte er. «Du kannst es nicht machen, bevor mein Vater nicht die Erlaubnis gibt. Hat er dir das gesagt?»
Sydne berührte Brands Schulter. «Es ist ein Geheimnis», sagte sie. «Es gehört zu unserer Vorstellung, und niemand weiß etwas davon. Deshalb darfst du nicht darüber reden.»
Brand schaute sie ungläubig an.
«Es stimmt», sagte sie. «Alle werden heute Abend eine Überraschung erleben.»
Brand lächelte. «Ich kann ein Geheimnis für mich behalten.» Er blickte Juls an. «Du hast da, wo du herkommst, deinen Kopf nicht geschoren gehabt. Warum willst du es hier?»
Juls zuckte mit den Schultern und lächelte. Aber die Frage erinnerte ihn an zu Hause und machte ihm Angst.
«Ich weiß, was ich mache», sagte Brand. «Ich hole dir etwas, womit wir Schweineborsten abschaben. Es ist scharf.» Er ließ sie stehen, ging ins Haus und kam kurz darauf mit einem kleinen, flachen Messer zurück.
Sydne legte ihm die Hand auf den Arm. «Wenn du es verrätst, wissen es alle, und es ist keine Überraschung mehr», sagte sie. Brand legte den Finger auf den Mund und lächelte wieder. Er gab Juls das Messer.
Juls und Sydne mußten an diesem Tag Ähren auflesen, die während der Ernte heruntergefallen waren. Die Arbeit ging nur langsam voran, und sie mußten sich die ganze Zeit über bücken, aber genau das hatten sie tun wollen. Sie waren für sich, mußten nur einen Sack abliefern und konnten ein paar Stunden vor Sonnenuntergang im Wald verschwinden, ohne gesehen zu werden. Heute war die Arbeit ohnehin nicht so wichtig. Die Ernte war eingebracht, und es sollte gefeiert werden.
Juls saß in einer kleinen Lichtung auf einem Stein und

begann sich die Haare abzuschneiden. Sie waren dick und schmutzig, und auf der rechten Seite, auf der er schlief, waren sie verfilzt. Eine Zeitlang mühte er sich damit ab, und Sydne sah ihm zu. Aber er kam nicht bis auf die Kopfhaut. Ständig standen ihm die Ohren im Weg. Schließlich reichte er Sydne das Messer. Sie benötigte eine Stunde, und am Ende waren sie beide naßgeschwitzt. Aber auf Juls' Kopf war kein Härchen mehr zu sehen, und er hatte auch nicht allzu viele Schnitte davongetragen. Jetzt gab es kein Zurück mehr. Sein Kopf allein war schon eine Verspottung Thorolfs.
Sie gingen tiefer hinein in den Wald, liefen einen Abhang zu einem seichten Bach hinunter, an dem Juls seinen Kopf wusch. Dann legte er sein Überkleid ab, um die Arme naß zu machen. Schließlich zog er sich ganz aus, legte sich ins kalte Wasser und trat mit den Füßen. Sydne beobachtete ihn vom Ufer aus. Sie wollte auch ins Wasser, aber sie wußte, daß einer von ihnen trocken bleiben mußte. Als er aus dem Wasser stieg, gab sie ihm eine Mütze. Sydne hatte sie selbst gemacht, und Juls sollte seinen Kopf bis zum Beginn der Vorstellung damit bedecken. Die Mütze war dunkelbraun, hatte große runde Klappen an den Seiten, die wie Schweineohren herunterhingen, und reichte Juls bis in den Nacken. An den Seiten hatte sie Bendel, die Juls unter dem Kinn verknoten konnte. Die Mütze war zu groß und kitzelte ihn am Kopf. Außerdem wurde ihm so heiß darunter, daß es juckte. Aber als er sie aufsetzte, sah es so aus, als hätte er Haare.
Sydne blickte zu Boden. «Ich gehe lieber zum Hof zurück», sagte sie. «Ich bringe alles, was wir brauchen, hinter die Bühne. Und du wartest hier, bis es dunkel ist. Laß dich von niemandem sehen.»

«Ich bleibe hier», sagte Juls.
Sydne blickte ihn an. «Wir machen das Richtige», sagte sie. Dann wandte sie sich um und ging schnell fort.
Juls hatte wieder Angst. Fast wünschte er sich, er und Sydne wären gewöhnliche Sklaven. Er begann mit Steinen zu jonglieren. Das hielt ihn vom Denken ab.
Sydne beschloß, nicht zum Hof zurückzukehren. Sie wollte Brand nicht allein begegnen. Statt dessen ging sie die Straße entlang zur Siedlung. Thyri stand am Eingang seiner Hütte, ließ einen Stein von der einen Hand in die andere fallen und sah den Menschen zu. Er freute sich, als er sie erblickte. «Heute abend ohne Kappe», sagte er grinsend.
Sie sah ihn an. «Hast du dir das gut überlegt?»
Sein Blick wurde unsicher.
«Du kannst es später entscheiden», sagte sie. «Jetzt kannst du sie ja auf jeden Fall anlassen.»
Er nickte sehr langsam und berührte das Band mit den Runen. Sydne fiel wieder einmal auf, wie schmutzig die Kappe war.
Plötzlich stand Brands Mutter hinter ihr. Sie hatte einen Krug Eingemachtes beim Hof stehenlassen. «Hol ihn und stell ihn auf den Tisch da drüben neben der Tür zum Gemeinschaftshaus», sagte sie. «Du kannst ihn aber nicht allein tragen. Such dir ein Brett und laß dir von Juls helfen. Beeil dich.»
Sydne wandte sich an Thyri und sagte ganz ruhig zu ihm: «Geh in den Stall und warte dort. Setz dich auf das Stroh und bleibe dort, bis wir dich holen.» Dann ging Sydne, ohne darauf zu achten, ob er ihre Worte befolgte, durch die Menge zum Tor. Es war noch hell, aber die Nacht würde bald hereinbrechen. Sie erinnerte sich an Augustins Rat, als Kronhengst beigesetzt worden

war: daß sie nämlich allen Leuten aus dem Weg gehen sollten, und daß sie sich, wenn jemand sie zu einer langen Besorgung ausschickte, Zeit lassen sollten. Sie war wohl gut beraten, wenn sie sich auch heute abend daran hielt.
Deshalb ging sie langsam, und als sie sich dem Wald näherte, setzte sie sich auf einen Stein und wartete, bis Juls auftauchte. Sie erzählte ihm von dem Eingemachten, das sie holen sollten, und sie gingen zum Hof.
Es war dunkel, als sie mit dem Krug zwischen sich nach Linkøbing zurückkehrten, und der Ringkampf hatte schon begonnen. Brands Mutter erwartete sie am Tor. Sie schaute auf Juls Kopfbedeckung, aber sie sagte nichts. Sie wies Juls und Sydne an, den Krug auf den Tisch vor dem Gemeinschaftshaus zu stellen. Dann gingen die Geschwister zu ihrem Stall, um Thyri abzuholen. Auf dem Weg dorthin kamen sie an Augustin vorbei, der gerade jemandem half, ein Faß, das von einem Tisch zu rollen drohte, festzuhalten. Sydne wollte zu ihm gehen und ihm etwas sagen, aber da waren Männer bei ihm.
Thyri wartete im hinteren Teil des Stalles im Dunkeln auf sie. Er hatte die Schachtel mit dem Zubehör, das sie für die Vorstellung brauchten, zwischen den Füßen. Sydne nahm ihn bei der Hand. Plötzlich war er für sie kein geistesschwaches Kind mehr oder eine Gefahr, sondern ein Schausteller, einer, der denselben Beruf ausübte wie sie. Sie nahm ihn in die Arme. «Wir werden es gut machen», sagte sie. Dann machten sie sich auf den Weg zur Bühne. Juls band nochmals die Mütze unter dem Kinn fest, damit sie nicht herunterfallen konnte, wenn er auf den Händen lief. Sein Kopf juckte fürchterlich, aber daran konnte er nichts ändern.

Die Bühne stand genau zwischen dem Gemeinschaftshaus und dem Strand. Links neben der Bühne loderte ein großes Freudenfeuer, und die Tische vor dem Gemeinschaftshaus waren mit Bier, Brot und Fleisch bedeckt. Auf der Bühne rangen zwei Männer miteinander. Sie grunzten und stampften mit den Füßen, während sie versuchten, sich gegenseitig umzuwerfen. Die Bühne wackelte zwar, verschob sich aber nicht. Sie würde auch Sydne, Juls und Thyri standhalten. Die Ringer hatten nicht viele Zuschauer, aber diejenigen, die ihnen zusahen, hatten offensichtlich ihren Spaß.

Die Speerwerfer, die Messerwerfer und der Mann, der ein Frühjahrskalb stemmen würde, standen beim Feuer. Herjolt saß auf seinem Stuhl und wartete darauf, die Preise verleihen zu können. Juls fragte sich, ob er wohl an ihre Vorstellung dachte. Wahrscheinlich nicht. Er sah schrecklich müde aus – als wäre ihm alles gleichgültig.

Langsam drückte ein Ringer den anderen zu Boden und hielt ihn dort fest. Einer der Fünf Weisen klopfte dem Gewinner auf den Rücken. Herjolt überreichte ihm eine Gürtelschnalle.

Nun wurde auf die eine Seite der Bühne ein Tisch gestellt und ein breites Brett dagegengelehnt. Der Wettkampf im Messerwerfen konnte beginnen. Wenn ein Messer sein Ziel verfehlte und im Dunkeln verschwand, nahm der Werfer ein Holzscheit vom Feuer und ging sein Messer suchen. Viele Messerwerfer verfehlten das Brett, nicht weil sie betrunken waren, sondern weil der Abstand sehr groß war.

Sydne fielen die grünen Handschuhe ein, die Thorolf ihr noch geben mußte. Sie drehte sich um. Hinter ihr stand Thorolf mit den Handschuhen.

Er hielt sie ihr hin. «England», sagte er nur, als sie sie an sich nahm. Dann ging er davon. Kurz darauf stand er wieder neben Herjolts Stuhl und sah aus, als könne ihn nichts auf der Welt erschüttern.
Er hatte Juls darauf hingewiesen, daß man sie nicht ankündigen würde. Sie sollten einfach vor die Leute treten und mit der Vorstellung beginnen, wenn alle anderen fertig waren. Der Gewinner im Messerwerfen erhielt seinen Preis von Herjolt. Es war ein Messer. Ihr Auftritt rückte immer näher.
Dann trat der Mann auf, der das Kalb stemmen wollte. Er führte das Kalb, das fast schon wie eine ausgewachsene Kuh aussah, an einem Seil. Er habe das Tier seit seiner Geburt jeden Tag hochgehoben, verkündete er mit lauter Stimme, und nur ein paar Tage ausgelassen, und heute wolle er es wieder tun. Die Zuschauer feuerten ihn an. Er legte beide Arme unter den Bauch des Tieres und begann zu heben. Das Kalb schien wie festgenagelt. Nichts bewegte sich außer dem Maul, das fortwährend kaute. Nicht einmal der Rücken krümmte sich. Der Mann veränderte den Griff, ging noch weiter in die Knie und hob wieder – aber die Füße des Kalbs blieben auf dem Boden. Er brachte es nicht einmal soweit, das Tier auf die Zehenspitzen zu stellen. Schließlich gab er auf und führte es weg. Jemand rief «Nächstes Jahr wieder!», und die Frau oder die Schwester des Mannes brachte ihm einen Krug Bier. Er warf ihr einen wütenden Blick zu, nahm das Bier aber doch. Dann gab es noch Speerwerfen, das nicht enden wollte. Als es vorüber war, konnte ihr Auftritt beginnen.
Sie liefen um die Bühne herum und stellten sich vor ihr auf. Unterwegs blieb Thyri stehen und bat Sydne: «Nimm sie ab.» Sydne nahm ihm schnell seine Kappe ab

und steckte sie in die Tasche ihres Überkleides. Vor der Bühne gingen die Leute hin und her und holten sich etwas zu essen. Niemand beachtete sie. Nicht einmal auf Thyri achteten sie, der langsame Purzelbäume schlug. Von hinten rief jemand etwas über Juls' Mütze, wahrscheinlich etwas Beleidigendes, aber Juls lief auf den Händen und hörte nicht hin.
Nachdem sie sich aufgewärmt hatten, begannen sie zu jonglieren. Thyri mit einer Kugel – langsam, aber gleichmäßig; Sydne und Juls mit drei Kugeln, während sie durch die Menschenmenge gingen. Für eine Vorstellung konnte das Wetter nicht besser sein. Es war zu kühl, wenn man sich nicht dicht bei einem Feuer aufhielt oder eine Decke hatte, aber gerade richtig, wenn man sich bewegen und den Kopf bei der Sache haben mußte. Nach und nach wurden die Leute auf sie aufmerksam. Ein Mann griff nach Juls' Kopfbedeckung, aber die war festgebunden, und Juls rollte wild mit den Augen, um ihn abzuschrecken. Dann stellten sich Sydne und Juls vor der Bühne auf. Thyri warf Sydne einen Teller nach dem anderen zu. Diese Teller flogen dann zwischen Sydne und Juls hin und her. Bei jedem neuen Teller kamen sie näher aufeinander zu. Als sie sieben Teller in der Luft hatten, standen sie weniger als drei Schritte auseinander, so daß der Bogen aus fliegenden Tellern sehr schmal und hoch wurde. Ganz langsam gingen sie immer weiter aufeinander zu. Als sie nur noch zwei Schritte auseinander standen, sah es so aus, als hinge der obere Teller regungslos an einem Faden vom Himmel.
Nun entfernten sie sich wieder voneinander und ließen den Bogen niedriger werden. Sie gingen schneller, bis die Teller sich in fast gerader Linie zwischen ihnen hin

und her bewegten. Dann sammelte Sydne einen Teller nach dem anderen ein und legte sie auf den Boden. Zu dritt liefen sie hinter die Bühne. Juls blieb einen Augenblick stehen, um die Zuschauer zu prüfen. Thorolf und Herjolt streifte er nur mit einem flüchtigen Blick. Er löste seine Kopfbedeckung, zog sie sich vom schwitzenden Kopf, ließ sie fallen und sprang auf die Bühne. Schweigen breitete sich unter den Zuschauern aus; man hörte nur noch das Knistern des Feuers.

Alle sahen ihn an.

Alle wußten, wen er darstellte.

Aus den Augenwinkeln bemerkte Juls, daß Herjolt aufstand und sich rechts neben seinen Stuhl stellte. Damit befand er sich außer Thorolfs Reichweite. Juls stellte sich breitbeinig auf, um seine einleitenden Worte zu sagen. Er wollte sie schnell hinter sich bringen, so daß er nicht länger allein auf der Bühne stehen mußte. Er holte tief Luft. Er sprach die erste Zeile absichtlich langsamer als bei den Proben.

Hinter der Bühne lauschte Sydne neben Thyri auf ihr Stichwort. Sie hatte die Handschuhe bereits angezogen. Ganz dicht an Thyris Ohr flüsterte sie: «Es ist genau wie bei der Probe. Nur sind jetzt Leute da, die wir unterhalten wollen. Jetzt ist es soweit. Los.» Sie sprangen beide auf die Bühne.

Es war vorher schon still gewesen, aber jetzt war es totenstill. Alle hielten den Atem an.

Das Stück ging schnell über die Bühne. Die Szene, in der Thyri auf die Knie fällt und seinen Vater anfleht, ihn doch nicht in die Sklaverei zu schicken, war tadellos. Auf Thyris Gesicht war der Ausdruck tiefsten Unglücks. Juls und Sydne gelang die Vergiftungsszene sehr gut. Juls sah durch und durch böse aus, und Sydne, teils

voller Hoffnung, teils verwirrt, trank langsam den vergifteten Wein und starb überzeugend.
Dann war die letzte Szene an der Reihe. Juls ergriff Thyri an beiden Armen und wollte ihn mit sich fortziehen. Thyri stand das blanke Entsetzen im Gesicht. Juls riß die Augen weit auf. Dann befreite sich Thyri mit einer geschickten Drehung. Er bückte sich, holte die Schweinsblase unter der Bühne hervor und wandte sich seinem Feind zu, dem Mann, der seinen Vater vergiftet hatte. Juls sah Thyri an. Jetzt war er es, der Angst hatte. Thyri schlug ihn – klack! – auf die eine Seite des kahlen, bösen Schädels. Juls hob die Hand, und Thyri traf – klack! – die andere Seite. Dann schlug er ihn – klack! – mitten auf den Kopf.
Beim letzten Schlag lachten die Leute plötzlich auf. Das Lachen klang wunderschön, wie das Plätschern eines Baches an einem warmen Sommertag.
Juls stand da und schwankte vor und zurück wie ein Baum kurz vor dem Umfallen. Dann stürzte er.
Thyri ging zu Sydne, beugte sich über sie und blies ihr ins Ohr.
Sydne spürte förmlich die Spannung unter den Zuschauern, die auf ein Wunder hofften. Sie öffnete die Augen und richtete sich langsam auf. Sie schaute sich um, als wüßte sie nicht, wo sie war. Sie legte die Arme um Thyri. Wer war dieser Mensch, dieser Fremde, der ihr ins Ohr geblasen hatte? Dann lächelte sie, sie erkannte ihn. Einer ihrer Handschuhe war zu Boden gefallen. Sie hob ihn auf, zog ihn an und umarmte ihren Sohn. Die Zuschauer riefen und klatschten Beifall. Ihr Stammesführer lebte wieder.
Das Stück war zu Ende.
Die drei Spieler verließen die Bühne. Die Menschen

zerstreuten sich um das Feuer, aber die Stimmung war gedämpft. Sydne warf einen flüchtigen Blick auf Herjolt und Thorolf. Herjolt sprach mit zwei der Fünf Weisen. Thorolf stand sehr aufrecht etwa vier Schritte vom Stuhl entfernt und sah aus, als warte er auf jemanden. Einer der Fünf Weisen tauchte hinter Juls und Sydne auf und teilte ihnen mit, daß Herjolt sie im Gemeinschaftshaus erwarte. Sydne blickte auf Thyri, der neben ihr stand, nahm seine Kappe aus ihrer Tasche und setzte sie ihm wieder auf. «Es dauert nicht lange», sagte sie.

Der Platz zwischen Bühne und Gemeinschaftshaus schien jetzt riesig, fast zu groß, um ihn in einer Nacht zu überqueren. Der alte Mann ging mit schnellen Schritten vor ihnen her zum Gemeinschaftshaus.

Als sie eintraten, stand Herjolt neben der Herdstelle und warf Scheite ins Feuer. «Warum habt ihr das getan? Lügt mich nicht an.»

«Am zweiten Montag im Juni kam Thorolf spät abends zu uns», begann Sydne. «Er sagte uns, er sei unser Freund und könne uns Gutes tun. Er brachte uns unsere Schuhe.»

Herjolt kam um die Herdstelle herum und blickte auf ihre Füße.

«Wir wußten nicht, ob wir ihm glauben sollten oder nicht», fuhr Sydne fort. «Wir dachten, vielleicht stimmt es ja. Dann teilte er uns mit, wir sollten uns ein Stück ausdenken, in dem Ihr und Euer Sohn verspottet werdet, so daß die Leute sich schämen, Euch zu gehorchen, und lachen, wenn er Euch tötet; dann sagte er noch, er wolle uns nach Hause bringen und uns Thyri als Sklaven mitgeben.»

Ein Holzscheit knackte, und ein Funke flog, sich langsam drehend, zur Decke empor.

«Und ihr habt es geheimgehalten», sagte Herjolt.

Juls trat näher ans Feuer heran. «Wir hatten Angst», sagte er.

Herjolt blickte ihm in die Augen. «Du lügst.»

Juls schüttelte den Kopf. «Alle Sklaven haben Angst.»

Herjolt hob ein paar größere Holzscheite vom Boden auf und legte sie ins Feuer. «Ihr verhaltet euch nicht so, als hättet ihr Angst.»

«Wir sind Schausteller, Herr», sagte Juls. «Wir leben davon, daß wir vor die Menschen treten und keine Angst zeigen. Thorolf sagte uns, daß Ihr uns, wenn wir zu Euch gingen, entweder töten oder mit ihm zusammen in die Verbannung schicken würdet.»

«Habt ihr ihm geglaubt?»

«Ja, Herr.»

«Es stimmt. Glaubt ihr, ihr hättet diese Menschen dazu gebracht, mich zu verspotten? Sie kannten meinen Vater. Sie wissen, daß ich treu bin. Einige von ihnen sind gerade mit mir auf dem *Fliegenden Drachen* zurückgekehrt.»

«Herr», begann Sydne, «von April bis November bereisen wir den Süden Englands. Wir ziehen von Stadt zu Stadt und von Dorf zu Dorf. Wir sehen jeden Tag andere Menschen, und wir wissen nie im voraus, was die Zuschauer tun werden, auch wenn wir einen ganzen Vormittag im Ort verbringen und die Leute dort beobachten. Man weiß es immer erst hinterher. Wir schaffen Bilder in den Köpfen der Menschen, sagt unser Vater, und verändern ihre Weltsicht, aber nur wenn sie dazu bereit sind.»

Herjolt schüttelte den Kopf. «Meine Leute sind nicht bereit für eine Veränderung.» Er nahm ein Stück Käse aus seiner Tasche, sah es sich an und steckte es wieder

ein. «Thorolf hätte euch nicht gehen lassen. Er hätte euch verkauft.»
Sydne schüttelte den Kopf. «Das glaube ich nicht, Herr. Ich glaube, er hätte uns nach Hause gebracht. Er hat es uns versprochen. Das Versprechen hätte er gehalten.»
«Erwartet ihr von mir, daß ich euch mit an Bord nehme und euch nach Hause bringe? Soll ich das tun? Ihr habt meinen Onkel verspottet, und jetzt soll ich dafür bezahlen?»
Sydne blickte ihm direkt in die Augen. «Ihr seid der Stammesführer», sagte sie. «Zu Hause sind wir Schausteller. Wir bitten nicht um Bezahlung. Manchmal kaufen die Leute Medizin von uns, weil sie uns vertrauen. Was wir auf der Bühne vorführen, kostet nichts. Thorolf hätte uns ziehen lassen, das weiß ich, mein Bruder und ich wissen es, aber er hätte Thyri getötet, und Thyri ist unser Freund.»
Herjolt nickte, als verstände er alles. «Ihr wollt dafür bezahlt werden, daß ihr den Jungen gerettet habt.»
«Herr», sagte Sydne, «wie soll ich es sagen? Wir sind hilflos. Wir haben zwei Freunde. Der eine ist Sklave, der von der ganzen Sache nichts wußte, der andere ein geistesschwaches Kind mit einer Kappe auf dem Kopf gegen böse Geister. Wir haben nichts zu verkaufen. Euch gehören die Schuhe an unseren Füßen.» Sie wollte nicht weinen und atmete zweimal tief und langsam durch. Sie versuchte ihn anzusehen, aber sie konnte es nicht. «Ihr wollt uns bezahlen? Nennt Euren Sohn beim Namen.»
«Ich werde euch nach Hause schicken», sagte Herjolt. Stille senkte sich wieder über den Raum. Von draußen hörten sie Thorolfs Stimme. Herjolt ging zur Tür, und sie folgten ihm. Sie konnten Thorolf nicht sehen, aber

sie hörten ihn deutlich. Seine Stimme kam aus der Richtung, in der das Tor lag. Er verfluchte die Siedlung und alle ihre Bewohner. Er rief Odin, Thor, Freyr und alle Götter der Felder an, Linkøbing zu verlassen und ins Verderben zu stürzen.

Thyri kam zu ihrem Stall mit dem Amulett in der Hand. «Mein Vater sagt, der Beutel ist weg», sagte er. Juls nahm das Glas und ging hinaus. Dort warf er einen Blick hindurch. Dann gab er es Thyri. «Sieh dir den Mond an. Er ist wie eine blaue Perle», sagte er.

Sydne stand am Eingang und betrachtete Juls. Sie wußte, daß er daran dachte, Thyri mit nach Hause zu nehmen. Thyri war zehn Jahre alt. Das war in England ungefähr Mannesalter. Sie mußten es sich gut überlegen.

Thyri gab Juls das Fensterchen zurück. «Morgen abend proben wir», sagte er, als wäre dies nun ein fester Bestandteil seines täglichen Lebens.

Juls nickte. «Wir werden dich in deiner Hütte abholen.»

Thyri ging, und Juls und Sydne standen in der kalten Nachtluft. Jetzt hätten sie über Thyri reden können, aber sie wollten nicht. Morgen war auch noch ein Tag.

Zwei Betrunkene begannen, drüben bei dem Gemeinschaftshaus zu kämpfen. Einer schrie auf, und ein Funkenregen erhob sich über den Dächern. Ohne ein Wort zu verlieren, ging Sydne zu Augustins Schuppen. Juls folgte ihr. Als sie dort ankamen, war Augustin nicht da.

Dann fiel ihr ein, daß er auf dem Festplatz war und Sklavenarbeit verrichtete – Tragen, Säubern, Festhalten, Hochheben und Aufräumen – Arbeiten, die Sydne und

Juls morgen und übermorgen und jeden Tag, einschließlich der Sonntage, tun würden, bis der *Fliegende Drache* im November nach England auf Beutezug auslaufen und sie nach Hause bringen würde.
Juls suchte nach Holzkohlestücken; er kam zurück und zündete Augustins Feuer an. Dann holte er Wasser aus dem Rohr im Erdwall und setzte es auf. Sydne ging in Augustins Hütte hinein, fand seinen Kräutertee und brachte ihn heraus. Dann warteten sie auf ihn.
Es war schon fast Morgen, als er nach Hause kam, und der Mond ging unter. Sobald Augustin um die Scheunenecke bog, ließ Sydne die Blätter in den Kessel fallen. Nach ein paar Minuten war der Tee fertig. Sie füllte seine Schale; er trank einen Schluck und reichte sie herum. Er wußte, daß sie nach Hause geschickt werden sollten. Alle wußten es. Er sagte ihnen, wie gut das war, welch ein Wunder, aber er sagte ihnen auch, daß er sie vermissen würde, vor allem Sydne.
Juls gab ihm das Glas und erzählte ihm, wie sie es gekauft hatten. Dann fiel ihm ein, daß er ihm diese Geschichte schon einmal erzählt hatte. «Ich schenke es dir. Wir hatten noch einen Beutel dafür, aber der ist verlorengegangen.»
«Es ist ein spätes Ostergeschenk», fügte Sydne hinzu.
Augustin nahm das Fensterchen und blickte hindurch auf die Ecke des Mondes, die noch nicht hinter dem Erdwall verschwunden war. Dann schlug er es sorgfältig in Tücher ein und brachte es in seinen Schuppen. «Jetzt hat mein Gefängnis ein Fenster», sagte er und sah sie an. «Seit sie mich herbrachten, hat mir eins gefehlt.»
Sydne küßte ihn. Dann wünschten sie sich eine gute Nacht, und Sydne und Juls gingen zu ihrem Stall zurück. Der schönste Gedanke, bevor Sydne einschlief,

war nicht der an England oder Osso Wisoff oder an ihre Familie. Es war die Vorstellung von Augustin, der an einem Winter- oder Sommerabend durch das blaue Glas den Mond betrachtete und wußte, daß dieser Mond auch über ihnen stand und daß sie ihn, Augustin, nicht vergessen hatten.